DE

L'INDUSTRIE LINIÈRE

EN FRANCE

A PROPOS DE LA RÉFORME DES DOUANES

PAR

M. ALEXANDRE LANIEL

PARIS

A. HENRY NOBLET, IMPRIMEUR DU CORPS LÉGISLATIF,
RUE DU BAC, 30.

1860

DE

L'INDUSTRIE LINIÈRE

EN FRANCE

A PROPOS DE LA RÉFORME DES DOUANES

PAR

M. ALEXANDRE LANIEL

<hr>

PARIS

A. HENRY NOBLET, IMPRIMEUR DU CORPS LÉGISLATIF,

RUE DU BAC, 30.

1860

AVERTISSEMENT AU LECTEUR.

Depuis la publication, dans le *Moniteur*, de la lettre impériale du 5 janvier 1860, qui fait entrer la France dans une nouvelle voie économique, la situation de nos grandes industries, particulièrement dans ses rapports avec le régime douanier, a été examinée longuement, laborieusement, dans les journaux, dans les revues et dans un bon nombre de brochures; le Corps législatif vient de consacrer au même sujet une discussion longue, animée, instructive, qui fait époque dans les annales de notre représentation nationale et impériale.

Dans ces discussions parlées ou écrites, toutes les industries plus ou moins importantes ont été passées en revue et minutieusement examinées; le fer, le charbon, le coton, la laine, le vin, le sucre et une foule d'autres articles qui constituent la matière d'une grande activité industrielle ou commerciale, ont été étudiés avec soin. On a oublié ou presque oublié une de nos industries les plus anciennes et assurément pas des moins importantes, — celle dont le chanvre et le lin constituent la matière première.

C'est de combler quelque peu cette lacune que se propose notre modeste essai. Familiarisé par une pratique industrielle de trente ans avec tout ce qui se rapporte à l'industrie linière, nous nous sommes appliqué à réunir et à grouper quelques renseignements qui puissent mettre le lecteur à même de juger de l'importance de cette branche de l'activité nationale, des phases diverses qu'elle a parcourues depuis notre grande révolution, de sa situation actuelle et des vœux légitimes qu'elle aurait à formuler en face de la transformation radicale qui s'opère aujourd'hui dans notre code de douanes. Retiré des affaires, un seul intérêt, celui de la vérité, a guidé notre plume, et nous n'avons eu qu'un seul but, celui d'être utile à nos concitoyens et de recommander à l'attention de qui de droit un point, trop négligé à notre avis, de la grande question de la réforme économique que la France poursuit aujourd'hui avec autant d'ardeur que de courage.

Paris, ce 15 mai 1860.

ALEXANDRE LANIEL
Ancien manufacturier.

DE

L'INDUSTRIE LINIÈRE

EN FRANCE.

I

Ce n'est pas l'histoire de la culture et de l'industrie linières que nous pouvons avoir la prétention d'écrire ici incidemment ; il nous semble utile, toutefois, de rappeler, ne fût-ce que très-sommairement, la naissance et le développement successif de l'une et de l'autre, pour faire justement apprécier le caractère et l'importance de cette branche de l'activité productrice à laquelle est consacrée notre esquisse.

Les premières origines de la culture et de l'usage du lin se perdent dans la nuit des temps ; nous ne possédons aucun renseignement précis, ni sur la découverte du chanvre et du lin, ni sur les premiers essais de tissage qui en aient été faits. L'on sait seulement que, dans la plus haute antiquité, ces plantes et leur emploi n'étaient point ignorés. Environ 3,000 ans avant notre ère, la fabrication des toiles de chanvre fut, en Chine, enseignée au peuple par Tchinong, le troisième successeur de

Fo-Hi, simultanément avec celle des soieries. Les Egyptiens attribuaient à Isis le tissage du lin, ce qui fait remonter cette invention aux temps mythologiques les plus reculés. On sait d'ailleurs, de la façon la plus sûre, que les robes de lin étaient, aux époques les plus éloignées, le costume sacerdotal des peuples de l'Egypte et que les Hébreux leur avaient emprunté cet usage : les lévites étaient vêtus, eux aussi, de longues robes de lin.

Tout porte à supposer que les colonies égyptiennes qui peuplèrent et cultivèrent la Grèce, ont apporté aussi dans leur nouvelle patrie la semence des plantes qui étaient dans une si haute estime chez leurs nationaux. Les Grecs, de leur côté, partageaient cette estime, puisqu'ils font remonter à leur Olympe l'usage de la quenouille et du fuseau, chargeant les trois filles de Jupiter, les redoutables Parques, de tramer les destinées de l'homme. Les peuples celtiques, qui de l'Asie centrale passèrent en Europe et devinrent les premiers habitants de notre continent, semblent avoir importé la culture de ces plantes textiles ; c'est à eux qu'on doit aussi la culture des céréales.

On peut, en effet, dire jusqu'à un certain point que l'histoire du blé est celle du lin. Dès que les hommes apparaissent réunis en société, on les voit se nourrir et en même temps se vêtir des produits de la terre, sans qu'on puisse jamais poursuivre les degrés successifs de développement par lesquels ils sont arrivés à perfectionner ainsi l'agriculture primitive jusqu'à l'allier à l'industrie.

Le manque absolu de renseignements sur la naissance et les progrès de la culture et de l'industrie linières n'est pas particulier aux peuples et aux contrées de l'antiquité ; nous n'en savons pas plus sur les temps plus rapprochés de nous et sur notre propre pays. Il est certain seulement que, dans presque toutes les contrées où les conditions naturelles sont favorables à ces plantes, leur culture a constitué, de très-bonne heure, l'industrie accessoire des populations agricoles. C'était et c'est encore en grande partie l'industrie domestique par excellence ; on l'a même surnommée l'industrie patriarcale, et non à tort : elle est l'œuvre commune de tous les membres de la famille ; le chanvre est ensemencé, récolté, préparé par les hommes ; les femmes le filent, et ces fils retournent, pour être tissés, dans les mains des hommes qui ont semé et soigné la graine. Quand les produits de ce travail en commun ne servaient pas exclusivement aux besoins de la famille elle-même, les trois ou quatre pièces de toile qu'on pouvait produire au delà des besoins domestiques, faisaient et font souvent toute la fortune des pauvres familles de la Bretagne et du Maine ; c'est la seule chose que le petit cultivateur, ne produisant du blé que pour sa propre consommation, puisse vendre, et payer, avec cet argent, le fermage s'il n'est pas propriétaire de son lopin de terre, ainsi que les impôts, et acheter le peu d'articles pour lesquels le ménage le plus pauvre doit aujourd'hui recourir à l'industrie des autres.

A la veille de la grande révolution de 1789, qui devait exercer une influence si profonde, notamment sur la classe agricole et par conséquent sur les industries qui s'y rattachent, la culture et l'industrie linières avaient déjà acquis une certaine importance. M. Tolosan estimait en 1788 la valeur des tissus de chanvre et de lin à une somme égalant, en notre monnaie actuelle, 226 millions de francs ; on sait que M. Tolosan était mieux en état que personne (en sa qualité d'inspecteur des manufactures) d'être passablement renseigné sur le côté industriel au moins de la question. Sur le chiffre de 226 millions, il comptait 200 millions pour toiles et toileries (1), 16 millions pour bonneterie de fil, 10 millions pour dentelles.

M. Tolosan comprend dans ces chiffres non-seulement l'industrie manufacturière, mais aussi l'industrie domestique, sur laquelle pourtant il devait être plus que difficile, presque impossible, même dans la haute position officielle de l'auteur, de se procurer des renseignements quelque peu exacts. Lorsque, trente ans plus tard, M. le comte Chaptal, l'ancien ministre de l'intérieur, vint, dans son ouvrage justement célèbre *De l'industrie française,* à parler des matières textiles qui nous occupent, il reconnaissait encore avec regret l'impossibilité de présenter un tableau complet de nos recettes en lin et en chanvre, parce que, à l'exception « des départements où l'on cultive ces plantes pour en livrer les produits au commerce, cette culture est bornée à ce que peuvent exiger les besoins de chaque famille pour entretenir ou remplacer les toiles qui servent aux vêtements et à l'exploitation rurale. » L'ancien ministre de l'intérieur

---

(1) Dans cette somme sont comprises aussi les toiles de coton ; cependant, à cette époque, celles-ci ne pouvaient entrer que pour une fraction très-minime dans le total de la production française.

ajoutait avec beaucoup de justesse : « Cette petite culture, qui n'emploie qu'un carré de jardin ou quelques ares de terre dans les champs, est immense, parce qu'elle est générale ; mais on ne peut pas l'apprécier pour la faire entrer dans un état de recensement. »

Les données de M. Chaptal, s'appuyant sur les renseignements directs fournis au gouvernement, n'embrassaient donc que le produit des *grandes cultures*. Sur la base de ces renseignements, M. Chaptal, dans les premières années de la Restauration, estimait qu'on ensemence annuellement en chanvre environ 100,000 hectares de terre dans 57 départements et qu'on récolte 386,773 quintaux métriques de chanvre en bâton, ce qui forme une valeur approximative de 31 millions de francs. La culture du lin occupait, d'après les mêmes estimations, 40,000 hectares dans une quarantaine de départements, et produisait une valeur de 19 millions de francs environ. Sur la récolte des chanvres, 33 0/0 à peu près étaient employés pour les cordages ; environ 59 0/0 pour la grosse toile et les fils de carets ; le reste pour les toiles plus fines, les fils de toute espèce et les étoffes mélangées.

Ces chiffres sont considérablement inférieurs à ceux que donnait la statistique officielle dans les derniers temps du premier Empire ; l'*Exposé de la situation* en 1812 établissait les chiffres que voici :

	CULTURE.	PRODUITS.	VALEUR.
Chanvre............	129 départements.	601.809 q. m.	48.144.000 fr.
Lin..............	76 —	251.200 —	32.656.000
Ensemble........		853.009 q. m.	80.800.000

Mais ces chiffres comprennent les pays réunis alors à la France, et parmi lesquels il y en avait plusieurs où la culture et l'industrie textiles avaient depuis longtemps acquis un très-haut degré de développement : il suffira de citer les deux Flandres. Il est à supposer que M. Chaptal, auquel les documents originaux étaient facilement accessibles, en a fait le dépouillement, et que son chiffre ci-dessus, qui porte à 50 millions de francs la valeur de la production en chanvre et en lin, représente la part qui dans ces 80.8 millions de francs devait revenir aux départements de l'ancienne France.

II

Les deux termes, c'est-à-dire les chiffres que donne M. Tolosan à la veille de la Révolution et ceux que donne M. Chaptal le lendemain de la Restauration, sont au fond trop peu précis pour permettre d'en tirer des conclusions quelque peu sérieuses sur l'influence que cette mémorable époque intermédiaire de trente ans peut avoir exercée sur le développement de la culture et de l'industrie linières, quoique le but principal de l'ouvrage de M. Chaptal ait précisément été d'établir ces différences et ces comparaisons. Ce qu'il y a de certain, c'est que la production indigène ne suffisait pas, à cette époque non plus, aux besoins du pays, comme elle leur avait été inférieure avant la Révolution. Dans les trois dernières années de l'ancien régime, la France importait en fil, chanvre et lin :

En 1787 pour une valeur de................	10.489.000 fr.
1788 — — —	12.752.000
1789 — — —	7.765.000
Soit pour les trois années réunies............	31.006.000 fr.
Ou, par année moyenne.......................	10.335.333 1/3

Il convient pourtant de faire observer que la France réexportait en toiles, batistes, linons et dentelles au delà du triple de la valeur qu'elle importait en matières brutes ; voici, en effet, le chiffre de ses importations et exportations en produits textiles :

ANNÉES.	IMPORTATIONS.	EXPORTATIONS.
1787	18.436.000 fr.	34.720.000 fr.
1788	19.988.000	39.025.000
1789	16.399.000	31.614.000
Soit pour les trois années réunies...	54.823.000 fr.	105.359.000 fr.
Ou par année moyenne	18.274.333 1/3	35.119.666 2/3

De telle sorte que la France payait à l'étranger 28.6 millions de francs par an, pour matières premières et produits manufacturés qu'elle lui achetait, tandis qu'elle lui vendait pour 35.1 millions de ces derniers. Quant à l'époque de la Restauration, M. Chaptal ne donne pas le chiffre de l'importation industrielle ni celui de l'exportation; il se borne à dire que l'importation du chanvre et du fil étrangers dépassait l'exportation de 4,757,136 fr., et que l'importation du lin dépassait l'exportation d'un million de fr. environ. Cet écrivain est plus explicite en ce qui concerne l'industrie elle-même; nous entendons la plus-value que le travail de l'homme ajoute à la matière première, et ces données jettent d'intéressantes lumières sur l'état de l'industrie à cette époque.

Selon M. Chaptal, un quart du chanvre récolté dans le pays était employé à faire des cordages, un tiers à fabriquer des toiles fines, des fils et des étoffes mélangées, et le surplus à faire de grosses toiles et fils de caret. Dans la fabrication des cordages, l'industrie n'augmente que de deux cinquièmes la valeur de la matière première; mais, dans les autres usages, le peignage et la filature triplent la valeur du chanvre, par le déchet qu'ils occasionnent et la main-d'œuvre qu'ils nécessitent; le tissage y ajoute encore un tiers. Dans la fabrication des toiles fines, les opérations font plus que tripler le prix de la matière première, de sorte qu'en y comprenant le blanchiment, l'industrie donnerait au chanvre, en moyenne, une valeur triple de celle qu'il a dans l'agriculture.

Pour le lin, il faut distinguer entre :

1° Les toiles ordinaires;

2° Les toiles fines, les étoffes mélangées, la bonneterie;

3° Les dentelles.

Dans le premier cas, le travail triplerait ou à peu près la valeur de la matière première ; dans le second cas, elle serait plus que triplée ; dans le troisième cas, la valeur de la matière première disparaît presque devant celle du travail, de telle sorte que la valeur du lin travaillé atteindrait en moyenne le quadruple au moins de celle qu'avait eue la matière première.

Sur ces bases, M. Chaptal arrive à conclure que les 35.7 millions de francs de chanvre brut se transforment en 107 millions d'objets manufacturés, et les 20 millions de lin en 75 millions. Il y ajoute la fabrication des campagnes pour leur usage domestique, qu'il évalue à un quart au moins pour le lin et à plus d'un tiers pour le chanvre, ce qui le conduit à attribuer en somme ronde une valeur de 100 millions à l'industrie du lin, et de 143 millions à l'industrie du chanvre.

III

Il est vrai qu'un statisticien distingué, qui s'est trouvé pendant longtemps à la tête de la division générale de la statistique de France, croit
pouvoir contester, dans un ouvrage publié il y a quatre ou cinq ans,
l'exactitude des chiffres fournis par M. Chaptal, et cela à un double point
de vue : il trouve le chiffre total au-dessous de la réalité, et il estime que
la part de la matière première dans la valeur des produits manufacturés
est bien supérieure à ce qu'indique M. Chaptal ; le chiffre de ce dernier
n'est que de 30 p. 100, tandis que M. Moreau de Jonnès croit que la matière première entre, tout au moins, pour 41 p. 100 dans la valeur des
objets fabriqués (1).

Nous aurons à reparler de cette seconde question, sur laquelle, on le
comprend, la réponse doit varier beaucoup, selon les lieux et les temps.
Quant à la première question, M. Moreau de Jonnès, pour contester le
chiffre de M. Chaptal, s'appuie sur cette considération, que l'industrie linière ne peut pas avoir reculé entre 1788 et 1818 ; que, par conséquent,
elle doit avoir été à cette dernière époque d'une valeur de 300 millions au
moins. Quoi qu'il en soit, il est certain que, depuis l'époque où M. Chaptal
a écrit son ouvrage, la production et l'industrie linières ont fait de sérieux
progrès, quoique l'ensemble de la situation ne leur soit aucunement favorable. Ainsi, la consommation si rapidement croissante du coton a dû

---

(1) Le chiffre de M. Chaptal se rapproche cependant beaucoup de celui que donne
M. Mac-Culloch, le célèbre économiste anglais, pour l'Angleterre, où le lin entrerait pour
e tiers, en moyenne, dans la valeur de la toile.

naturellement réagir d'une façon défavorable sur le développement de l'industrie linière; ainsi encore, la navigation à la vapeur diminue le besoin des voiles qui formaient jadis une des branches les plus importantes de la fabrication des tissus de chanvre, tandis qu'en même temps la grosse corderie maritime se trouve peu à peu supplantée par les câbles de fer; ainsi encore, le baraquement des troupes, qui s'introduit de plus en plus, tend à diminuer l'usage des tentes.

On pouvait bien, sous la pression d'un tel ensemble de circonstances contraires, s'attendre presque avec certitude à une forte diminution, dans l'industrie linière; c'est pourtant le contraire qui est arrivé. On voit, sur ce terrain encore, une nouvelle preuve de cette consolante vérité que les ennemis du progrès s'obstinent à ne pas vouloir reconnaître, mais qui éclate chaque jour malgré eux, savoir, qu'un nouvel objet de consommation, qu'un nouvel instrument de transport, qu'un nouveau moyen de communication ne suppriment pas forcément ce qu'ils tendent à remplacer. La production et l'industrie linières, en effet, ont progressé chez nous, dans une proportion plus forte que la population, puisque la moyenne de la consommation de toiles, qui avait été seulement de neuf francs par habitant avant 1789, s'élève aujourd'hui à dix francs.

La raison de ce fait, c'est qu'avec le progrès du bien-être, s'accroît fortement la consommation en général, mais surtout dans ces articles qui, ayant passé jadis pour du luxe, se transforment de plus en plus en articles de première nécessité, même pour les classes dites inférieures de la société. Il est même à supposer qu'en s'y mettant avec beaucoup de vigueur et de persévérance, l'industrie linière pourrait rendre les chances de la lutte bien plus favorables encore qu'elles ne le sont aujourd'hui aux produits du chanvre et du lin. De sérieux commencements ont d'ailleurs été faits déjà en cette voie; ils autorisent à espérer mieux et plus d'un prochain avenir.

Les deux points principaux dont il s'agit pour mettre la toile en état de soutenir la concurrence contre son rival si jeune mais déjà tout-puissant, le coton, c'est de lui assurer plus ou moins le bon marché qui constitue l'une des qualités principales des produits auxquelles le coton fournit la matière première, et, d'autre part, de l'amener à se prêter, elle aussi, à cette variété de couleurs et de dessins qui donne tant de charmes aux cotonnades.

Sous l'un et l'autre rapport, la voie est déjà largement ouverte. Par la filature à la mécanique, que nous n'entendons pas apprécier ici à fond, on pourra amener peu à peu la toile à se produire à des prix qui la rendront plus accessible à toutes les classes, tandis que, d'autre part, l'impression en couleurs des tissus de lin peut et doit accroître considérablement leur emploi (1). Si les progrès de la culture ne restent pas en arrière de ces progrès de l'industrie; en d'autres termes, si la matière première est toujours abondante et à bon marché, cette antique industrie du chanvre et du lin nous semble encore immensément éloignée de la décadence que prédisent les enthousiastes du coton. Il y a de l'espace assez sur le marché pour l'une et l'autre.

---

(1) Il ne faudrait, toutefois, pas concevoir de trop grandes espérances à ce sujet. Les tissus de lin et de chanvre sont moins malléables que le coton, le grain est moins serré, et on pourra difficilement arriver pour les imprimés au même degré que pour le coton.

IV

La grande statistique agricole, exécutée dans les dernières années du règne précédent, permet de constater assez exactement quelle est aujourd'hui l'étendue de la culture et de la production en chanvre et lin. D'après cette statistique dressée par départements et par arrondissements, on cultive :

	LIN.	CHANVRE.
Dans 22 départements.........	81.186 hect.	54.954 hect.
— 64 —	27.056 —	121.194 —
Ensemble.........	98.242 hect.	176.148 hect.

Si l'on adopte les rapports établis dans un mémoire présenté en 1847, à la chambre des députés, par les représentants de l'industrie linière, le rendement des terres employées à la culture du chanvre serait de 500 kilogrammes.

Soit donc pour 98,242 hectares un rendement total de 49,121,000 kilos, qui, à raison de 1 fr. 15 c. par kilo, auraient une valeur de............... 56,489,150 fr.

Il faut y ajouter la valeur de la graine, qui est de 22 fr. par hectolitre, et dont on récolte 9 hectolitres par hectare, ce qui fait un rendement de 884,178 hectol. d'une valeur de..................... 19,451,916

L'on arrive ainsi pour la production totale du lin à une valeur de........................ 75,941,066

A reporter .... 75,941,066 fr.

Report...............	75,941,066 fr.
Quant au chanvre, nous croyons pouvoir évaluer le rendement moyen à 750 kilos par hectare, ce qui, pour les 176,148 hect. ensemencés, donnerait une production totale de 132,011,000 kil., qui, à raison de 65 cent. par kilo, auraient une valeur de.....	85,802,150
Il faut ajouter la valeur de la graine, estimée à 150 fr. par hectare, soit pour toute l'étendue ensemencée une valeur de....................	26,272,200
Ce qui donnerait à la production du chanvre une valeur de....................................	112,074,350
En réunissant le chanvre et le lin, on obtiendrait donc une valeur totale de....................	188,015,419 fr.

Ce chiffre atteint au quadruple presque de celui que M. Chaptal avait donné comme exprimant la valeur pour laquelle la matière première entrait, il y a quarante ans, dans la valeur totale de la production linière. L'accroissement obtenu depuis un demi-siècle serait donc suffisamment considérable, même en supposant que nos évaluations, quoique faites avec le soin le plus scrupuleux, et sur des données qui nous paraissent mériter pleine confiance, paraissent quelque peu au-dessus de la réalité.

C'est ce qu'en effet on semblerait pouvoir leur reprocher. M. Moreau de Jonnès, que nous avons déjà eu l'occasion de citer, et sous la direction duquel a été exécuté le grand recensement agricole dont nous parlons, résume ainsi qu'il suit le résultat de ce recensement par rapport aux deux matières premières qui nous occupent :

I. — PRODUCTION ANNUELLE.

	GRAINE.	FILASSE.
Chanvre.........	1,671,641 hect.	67,507,096 kil.
Lin	737,374	36,875,401
Total..................		104,382,497 kil.

II. — PRIX.

	GRAINE.	FILASSE.
Chanvre.........	17 fr. 05 c. l'hect.	0 fr. 90 c. le kil.
Lin...........	21 65 —	1 16 —

III. — VALEUR DE LA PRODUCTION TOTALE.

PAR HECTARE.		VALEUR ANNUELLE.	
Chanvre.........	489 fr. 85 c.	86.287.341 fr.	= 60 0/0
Lin	385 35	57.507.216	= 40 0/0
	Total.............	143.794.556 fr.	= 100 0/0

La différence entre ce total et le nôtre est, on le voit, assez sensible ; il faut cependant aussi tenir compte de cette circonstance, que le recensement qui sert de base aux évaluations de M. Moreau de Jonnès a lui-même déjà 12 à 15 ans de date, et pourrait bien ne plus répondre à la réalité du jour. En supposant, ce qui est plus que vraisemblable, que le progrès, depuis lors, ait continué dans les mêmes proportions que fait ressortir, pour les trente années précédentes, la différence entre les chiffres donnés par M. Moreau de Jonnès et ceux que nous avons établis d'après les renseignements plus récents empruntés à la pratique des affaires, on arriverait toujours à un chiffre moyen de 170 millions environ, ce qui ne manquerait pas d'accuser un sérieux progrès réalisé dans première moitié du XIXe siècle.

V

Mais ce qui n'est pas moins certain, c'est que les progrès de la production linière ont été et sont toujours largement distancés par les progrès de la consommation. On en trouve la preuve dans les quantités constamment croissantes du supplément des matières premières, que l'industrie linière de la France doit demander à l'étranger. Le tableau qui suit résume la situation respective pour la période de 22 ans comprise entre 1837 et 1858 :

I

ANNÉES.	IMPORTATIONS.		EXPORTATIONS.	
	LIN.	CHANVRE.	LIN.	CHANVRE.
1837............	2.767.993	7.352.181	2.363.592	457.370
1838............	2.433.485	9.122.907	4.085.357	958.687
1839............	1.501.426	6.786.321	4.620.719	1.571.347
1840............	1.843.128	6.387.184	2.997.184	746.493
1841............	3.572.585	5.008.838	2.208.303	565.469
Total de 5 ans........	12.118.617	34.657.431	16.275.155	4.299.366
1842............	5.042.282	9.056.123	1.254.118	384.459
1843............	7.718.433	7.747.240	911.242	284.342
1844............	9.543.983	7.546.748	768.048	554.742
1845............	7.179.425	6.095.007	918.370	467.825
1846............	11.969.918	4.652.551	401.392	327.015
Total de 5 ans........	41.454.041	35.097.669	4.253.170	2.018.383
1847............	13.811.684	4.981.233	368.606	351.968
1848............	8.535.253	2.268.429	196.105	267.496
1849............	17.678.991	2.966.143	176.322	296.999
Total de 3 ans........	40.025.928	10.215.805	741.033	916.463
1850............	17.852.167	2.641.840	674.621	343.851
1851............	19.239.190	1.978.104	619.418	401.538
1852............	26.580.344	2.735.695	583.120	407.091
Total de 3 ans........	63.671.601	7.355.639	1.877.159	1.152.480
1853............	22.160.444	3.328.656	627.308	1.018.959
1854............	14.982.115	2.130.508	461.807	551.317
1855............	20.247.264	1.952.230	13.642	158.601
Total de 3 ans........	57.389.823	7.411.394	1.102.757	2.328.877
1856............	22.201.697	6.755.138	777.128	455.566
1857............	19.475.919	8.067.591	1.503.509	608.891
1858............	25.911.663	6.133.139	2.534.635	684.512
Total de 3 ans........	67.589.279	20.955.868	4.815.272	1.748.969
Total général (22 ans)..	282.249.289	115.093.806	29.064.546	12.464.538

II

MOYENNE DES ANNÉES.	IMPORTATIONS.		EXPORTATIONS.	
	LIN.	CHANVRE.	LIN.	CHANVRE.
1837 à 1841.......	2.423.723	6.931.486	3.255.031	859.873
1842 à 1846.......	8.250.808	7.019.533	850.634	403.676
1847 à 1849.......	13.341.976	3.403.265	247.011	305.487
1850 à 1852.......	21.223.867	2.451.879	625.719	384.160
1853 à 1855.......	19.129.941	2.470.464	367.585	776.292
1856 à 1858.......	22.529.759	6.985.256	1.605.024	582.989
Moyenne générale......	12.829.513	5.849.718	1.321.115	566.569

III

MOYENNE DES ANNÉES.	EXCÉDANT DE L'IMPORTATION.		
	LIN.	CHANVRE.	ENSEMBLE.
1837 à 1841.......	831.308	6.071.613	5.240.305
1842 à 1846.......	7.400.174	6.615.857	14.016.031
1847 à 1849.......	13.094.965	3.097.778	16.192.743
1850 à 1852.......	20.598.148	2.067.719	22.665.867
1853 à 1855.......	18.762.356	1.694.172	20.456.528
1856 à 1858.......	12.924.735	6.402.267	28.327.002
Moyenne générale......	11.508.398	5.283.149	16.791.547

S'il y a jamais eu des chiffres éloquents, ce sont certes ceux que renferme le tableau qui précède. Ce qui en ressort le plus clairement, c'est la diminution presque constante des exportations françaises en lin et chanvre, à côté d'un accroissement très-rapide et très-fort des importations. Tandis que, dans la première période quinquennale (années 1837 à 1841), l'exportation des lins dépasse encore d'un tiers l'importation de cet article, elle n'est plus, dans la période quinquennale suivante (1842-1846), qu'un peu plus du dixième de l'importation; pour le chanvre, l'importation en 1837-41 est environ le huitième de l'importation, tandis qu'elle descend au-dessous d'un seizième dans la période quinquennale de 1842 à 1846. Le résumé qui suit de notre grand tableau permet au lecteur de continuer ces comparaisons; nous nous bornerons à dire que l'excédant des importations sur les exportations n'avait été dans la période de 1837 à 1841 que de 26.2 millions de kilos pour le lin et le chanvre réunis, tandis que cet excédant atteint dans les années 1856 à 1858 le chiffre formidable de 82 millions.

Il est donc clair que la production indigène est absolument insuffisante, et le devient de plus en plus, à couvrir les besoins de la consommation intérieure; en d'autres termes, la culture du chanvre et du lin, malgré sa considérable extension plus haut constatée, ne progresse pas en proportion égale avec les besoins de la fabrication. Il ne faudrait pas trop s'en étonner; il faut, pour que cette culture réussisse, un certain concours de circonstances qu'on ne rencontre pas partout : un sol convenable, surtout riche en humus, des connaissances agricoles avancées, une division convenable de la propriété, une population assez compacte; telles sont les conditions principales que les hommes compétents jugent indispensables à la réussite de cette culture. Tout le monde sait que les contrées ne sont pas très-nombreuses en France où toutes ces conditions se trouveraient réunies.

Pour parer quelque peu à cet inconvénient de l'insuffisance de la production française, maintes personnes ont proposé de prohiber la sortie ou de la rendre tout au moins plus difficile, en l'imposant fortement. Pour légitimer cette proposition, on est allé jusqu'à lui chercher un précédent dans la prohibition que le tarif anglais a apportée longtemps contre l'exportation de la houille. Il suffirait de répondre d'abord que, si l'on a eu quelque apparence de raison pour regarder la houille comme le premier aliment du travail en général, et de vouloir, comme tel, la retenir de force dans le pays, cette qualification ne saurait d'aucune façon s'appliquer au chanvre et au lin, matières premières d'un travail aussi spécial que tout autre. En second lieu, il y a trente ans passés que l'Angleterre elle-même est revenue de cette prohibition ou quasi-prohibition, sans qu'elle ait eu une seule fois l'occasion de s'en repentir. Dans la récente discussion, au parlement, du nouveau traité anglo-français, on a vu une immense majorité (282 voix contre 56) rejeter la proposition tendant à ce que l'Angleterre se réservât au moins le droit de pouvoir, en certaines circonstances, interdire la sortie du charbon.

On a voulu tirer du tarif russe un autre argument en faveur de la proposition qui tend à faire prohiber la sortie du chanvre et du lin; cet rgument n'est pas plus concluant que celui que nous venons de repousser. Ce n'est pas à la Russie que la France d'aujourd'hui voudrait aller emprunter les enseignements et les règles économiques; d'ailleurs le droit de sortie dont les matières textiles sont frappées en Russie n'est pas plus fort que le droit qui les atteint chez nous; c'est un simple droit de balance un peu fort, voilà tout. La preuve en est dans ce fait que ce droit n'empêche pas les producteurs russes de vendre annuellement à l'Angleterre seule jusqu'à 75 millions de kilogrammes, 7 à 8 millions à la France, 2 à 3 millions à la Belgique, etc.

On n'a, au reste, qu'à regarder le chiffre ci-dessus des exportations françaises en chanvre et lin pour se convaincre de l'inefficacité absolue qu'aurait toute mesure tendant à empêcher plus ou moins la sortie; quand le pays est forcé de demander annuellement à l'étranger, comme cela a eu lieu en 1856-58, de 22 à 23 millions de kilos de lin, quelle utilité ou quel remède y aurait-il de retenir de force les 500,000 à 600,000 kilos qu'aujourd'hui il vend en moyenne à l'étranger? La même remarque s'applique, au fond, également au chanvre, quoique la différence entre l'importation et l'exportation y soit moins grande que pour le lin.

Nous croyons, nous aussi, qu'il y aurait quelque chose à faire pour empêcher, du moins, que la production indigène ne restât pas de plus en plus fortement en arrière des besoins; seulement, ce n'est pas en retenant de force les quantités si faibles que nous exportons aujourd'hui, c'est au contraire en s'appliquant à favoriser et à développer la production indigène, qu'on pourrait arriver dans cette branche à un résultat appréciable.

Le moyen le plus sûr pour atteindre ce but consiste dans l'amélioration de la graine. Tous ceux qui sont quelque peu familiarisés avec cette matière, savent que c'est à la graine de Riga qu'il faut recourir pour obtenir du lin de qualité supérieure. Si la production de l'Irlande, qui avait été en 1840 seulement de 30 à 35 millions de kilogrammes, est arrivée en 1858 à 50-55 millions de kilogrammes; si la Belgique continue à occuper l'un des premiers rangs dans la production des matières textiles, une des causes principales en est dans le fait que les Irlandais et les Belges sont très-sévères dans le choix de leur semence et qu'ils ne se contentent pas de l'étiquette qui affirme la provenance russe de telle ou telle graine.

En effet, il y a, par exemple, en Russie, de la graine séchée artificiel-

2

lement, qui non-seulement ne convient pas à chaque sol, mais dont une assez grande quantité ne lève pas du tout. On voit par là que, dans le pays même qui nous fournit la majeure partie de nos semences, les qualités peuvent différer de beaucoup; il faut donc se tenir bien sur ses gardes pour ne pas être la dupe et la victime des falsifications qui peuvent se faire avec les graines. Aussi, tout ce qui pourrait prévenir ces falsifications et favoriser l'entrée en France de bonnes graines, ne saurait être accueilli trop favorablement.

A cet égard, le Gouvernement lui-même, dont cependant nous ne voudrions pas trop préconiser l'intervention en matière économique, pourrait peut-être faire quelque chose, en instituant dans chaque port de débarquement un agent expert chargé de constater, à l'arrivée, la qualité de la graine, d'accorder des primes à celle qui répondrait le mieux à toutes les exigences, d'estampiller les barils qui la contiendraient et d'appliquer sévèrement la loi contre toute falsification. On donnerait ainsi un certain encouragement aux négociants honnêtes qui achètent à Riga de la bonne graine et la revendent dans le même état; et grâce à ce système de sévérité, et d'encouragement, on verrait bientôt disparaître de nos marchés ces graines de médiocre qualité qui portent toujours un grand préjudice à nos cultivateurs et par suite à l'industrie linière elle-même.

VI

En assurant ainsi la bonne qualité de la matière première, on aurait fait un premier pas, et des plus importants assurément. Mais il faudrait aussi s'occuper des moyens propres à assurer le bon emploi de cette matière première par le progrès de la filature.

On sait que telle a été déjà la préoccupation en France, dès les premiers moments où le coton avait commencé à faire une sérieuse concurrence au chanvre et au lin. L'Empereur Napoléon Ier, par son décret du 7 mai 1810, avait promis une récompense d'un million de francs à celui qui trouverait la meilleure machine propre à filer le lin. Faisant appel à toutes les intelligences, il invita au concours les industriels de tous les pays. Si le premier mobile de cette généreuse initiative était encore une pensée de guerre, puisque la filature de lin devait compléter l'exclusion du coton, par laquelle on voulait, on croyait frapper surtout la Grande-Bretagne, il n'en est pas moins vrai que par elle-même cette idée était une des plus fécondes qui eussent jamais jailli du cerveau de ce génie tout-puissant. Napoléon avait entrevu toutes les conséquences que cette invention pouvait et devait avoir sur les destinées de sa nation, à laquelle il pensait assurer ainsi la conservation d'une de ses plus anciennes et de ses plus précieuses industries.

L'appel de Napoléon Ier éveilla beaucoup d'intelligences, qui se mirent avec ardeur à la recherche du problème que leur posait l'Empereur. Tout porte à croire que, sans les désastres qui vinrent bientôt fondre sur la France, le génie de la nation serait parvenu au but dont quelques premiers essais faisaient déjà approcher et que quelques perfectionnements auraient bientôt fait atteindre; les malheurs politiques et militaires de l'époque ont mis la France dans l'impossibilité de tirer les premiers fruits de l'ingénieuse idée de Philippe de Girard.

Les droits de cet ingénieur français à la propriété de l'invention de la filature à la mécanique sont suffisamment attestés par les brevets d'invention et de perfectionnement des 18 juillet 1810, 14 janvier 1812, 24 avril 1815 et 11 septembre 1816, qui se trouvent aux archives du Conservatoire des arts et métiers. Mais, avant que Phillippe de Girard pût faire passer dans la pratique l'invention à laquelle l'appel de l'Empereur avait donné la première impulsion, l'Empereur et l'Empire se trouvaient renversés. Le gouvernement de la Restauration, préoccupé, au début, d'autres soucis et d'autres embarras, ne pensait assurément à rien moins qu'à acquitter une dette contractée par la généreuse promesse de l'Empereur. L'inventeur, dont la fortune était compromise, s'expatria, et alla porter en Autriche, où on l'appelait, sa découverte et sa science dédaignées.

Ce ne fut pourtant pas l'Autriche, pays fort peu avancé alors encore, qui tira les premiers fruits quelque peu remarquables de cette découverte; c'est dans la patrie des Arkwrigths, des James Watt, que devait se développer l'invention de Girard, qui complétait si heureusement les inventions des génies industriels de l'Angleterre. Philippe de Girard protesta pour la France et pour lui-même ; et si pendant longtemps ses protestations passèrent presque inaperçues en France même, on est, dans ces dernières années, revenu de cette injustice, officiellement aussi bien que dans le grand public. Tout le monde à peu près est aujourd'hui d'accord pour reconnaître que si la France réclame à juste titre la paternité de l'idée, c'est l'Angleterre qui lui a donné la réalité et qui a fortement perfectionné l'idée première de Girard.

Il faut même reconnaître que ce n'est qu'à dater de la réalisation de ces perfectionnements, remontant à 1825, que la filature mécanique prend un grand développement et commence à devenir très-redoutable pour la filature à la main. Ce fut en 1825 que les premiers fils anglais filés à la mécanique furent importés en France. Les importations furent peu considérables durant les cinq premières années suivantes. Elles ne prennent un sérieux développement qu'à partir de 1830; dès l'année 1833, elles dépassent déjà 4 millions de kilos.

Ce nouvel état de choses fixa bientôt l'attention du gouvernement; les Conseils généraux de l'agriculture, des fabriques et du commerce furent chargés d'étudier la question. A une époque où la plupart des grandes industries croyaient avoir besoin de la protection officielle, il était assez naturel que la filature française voulût, elle aussi, être préservée, par des droits élevés de douane, contre la concurrence croissante dont la menaçait la filature anglaise.

Les Conseils entendus, le gouvernement présenta, le 4 février 1834, un projet de loi, d'après lequel, les fils de lin devaient être imposés à l'entrée comme suit :

Simples...............	50 fr.	
Retors........	70 »	par 100 kilos.
Blanchis.,.,.,.,.,..	90 »	
Teints,.,.,.,.,..,...	150 »	

La Chambre des députés, tout en adoptant le principe, voulait introduire des modifications assez sensibles, sur lesquelles on ne parvint pas à s'entendre : le projet de loi n'eut pas de suite. Peut-être était-il cependant pour quelque chose dans la création des premiers établissements de filature de lin qui furent alors ouverts d'après le système perfectionné. La perspective que le projet de loi gouvernemental avait fait entrevoir aux capitalistes et industriels français, d'être pendant longtemps protégés contre toute concurrence étrangère par des droits fort élevés, avait engagé quelques grands filateurs français à fonder des établissements à l'instar des établissements anglais; dans la sécurité où ils se croyaient contre la rivalité de ces mêmes établissements, ils ne reculaient ni devant les droits d'entrée de 40 à 60 0/0 qu'ils eurent à payer pour leur matière première, ni devant les autres frais que leur imposait la difficile initiative qu'ils voulurent bien prendre et dont aujourd'hui encore nous devons leur savoir gré.

VII

Naturellement, ils ne supportèrent pas en silence la déception que leur causait le retrait du projet de loi ministériel; ils réclamèrent d'autant plus fortement qu'avec l'importation croissante des fils s'accroissait aussi celle des toiles : ce qui, d'après l'avis des intéressés, entraînait la détresse profonde et préparait la ruine immanquable de tous les agriculteurs et industriels qui tenaient de près ou de loin à la culture et à l'industrie linières. Par suite de ces réclamations, les conseils généraux de l'agriculture, des fabriques et du commerce furent pour la seconde fois saisis de cet objet. En même temps, de nombreuses pétitions adressées aux deux Chambres accusaient l'inertie du gouvernement. C'était d'abord l'agriculture qui se plaignait de la concurrence des matières textiles de l'étranger et demandait aux législateurs les moyens de conserver toute sa valeur à un produit qui, selon elle, se dépréciait à mesure que les fils et les toiles de l'étranger entraient dans de plus fortes proportions. C'était ensuite quelques-unes des populations de l'ouest, qui vivaient alors du filage à la main et s'imaginaient que la loi des hommes pourrait les protéger contre la loi du progrès qui condamnait leur industrie primitive à succomber. C'étaient quelques manufacturiers qui avaient fondé des établissements à l'instar de ceux de l'Angleterre, et qui prétendaient ne pas pouvoir soutenir sur le pied d'égalité la concurrence avec leurs rivaux anglais, déjà en mesure de faire des sacrifices. On entendait enfin les doléances des tisserands qui désiraient voir dans le pays même se développer la culture linière, afin d'avoir la matière première toujours à leur portée, sans être exposés à en voir interrompre l'arrivée par toute collision qui troublerait les relations avec l'Angleterre.

Ces intérêts alarmés n'étaient pas disposés à se contenter de peu de chose. En 1841, on leur accorda un tarif plus élevé que celui établi cinq ans auparavant; à peine un an avait-il passé sur le tarif du 6 mai 1841, que de nouvelles élévations des droits d'entrée furent décrétées, pour arrêter, s'il était possible, l'importation des fils étrangers. On verra la progression de ces mesures de protection par les faits suivants. Le tarif de 5 juillet 1836 n'avait établi que deux droits qui étaient:

16 fr. par 100 kilos pour fils d'étoupe.
24 » » » » » » de lin.

Le 6 mai 1841, on abandonne la distinction faite en 1836 entre la matière première des fils, et l'on divise tous les fils en quatre classes qui seront imposées comme suit :

1re classe, 16 fr. par 100 kilos au-dessous de 6 mille mètres.
2e   »   24 » » » » »   »   6 à 12   »
3e   »   40 » » » »   »   12 à 24   »
4e   »   70 » » » »   au-dessus de 24 mille mètres.

C'est donc un tarif plus cher et en même temps plus compliqué que celui qui l'avait précédé. Le nouveau tarif, qui lui succéda un an après, le surpassait cependant de beaucoup sous l'un et l'autre rapport; la classification s'augmente d'une cinquième classe, et dans chaque classe il y a deux catégories, l'une pour les fils écrus, l'autre pour les fils blanchis. Voici quelles étaient ces divisions et sous-divisions :

		FILS ÉCRUS.	FILS BLANCHIS.
1re classe : au-dessous de 6,000 mètres.		41—80	59—20
2e » de 6 à 12,000 »		52—80	71—80
3e » » 12 à 24,000 »		86—50	113—80
4e » » 24 à 36,000 »		133—70	173—60
5e » plus de 36,000 »		175—70	225—10

Toutefois, en juillet 1842, on établissait déjà une importante exception à cette règle générale; l'exception était en faveur de la Belgique, à laquelle on accordait le tarif du 16 mai 1841 pour les fils, et le tarif de juillet 1838 pour les toiles.

VIII

La statistique commerciale ne distingue les fils étrangers, d'après leur provenance, qu'à commencer précisément de 1842, où cette distinction était établie par la loi et par le tarif douanier ; elle ne permet donc pas de dire jusqu'à quel point les faveurs que lui accordait le traité de 1842 ont pu accroître l'importation belge aux dépens des autres contrées qui nous fournissaient des fils. Il convient cependant de faire observer que, même après l'établissement du tarif de faveur, la Belgique ne figure encore que pour un septième environ dans nos importations des fils : en 1843, c'est-à-dire dans l'année qui suit l'établissement du tarif de faveur , la Belgique fournit 1,115,646 kilos de fils de lin et de chanvre à une importation totale de 8,350,912 kilos. La proportion va en croissant, comme cela ressort du tableau que voici :

ANNÉES.	IMPORTATION TOTALE.	DE LA BELGIQUE.	SOIT 0/0 DU TOTAL.
1843..........	8,350,912	1,115,646	13.36
1849..........	868,332	715,537	82.40
1853..........	1,076,419	911,331	84.66

Ce qui revient à dire que, grâce au tarif de faveur que nous lui accordions, la Belgique a fini par devenir notre unique fournisseur en fils de lin et de chanvre ; mais il n'est pas moins vrai que l'importation belge elle-même n'a pas su longtemps se maintenir à la hauteur qu'elle avait atteinte dans les premiers temps qui suivirent l'établissement du tarif de faveur : de 1,436,233 qu'elle avait été en moyenne dans les années 1842-1845, l'importation belge n'est plus que de 976,315 kilos dans la période suivante de 4 ans, et se maintient à peu près au même chiffre dans les années 1850 à 1853. Les tableaux ci-après permettent, au reste, de poursuivre et d'étudier année par année les évolutions que les changements de tarif, ainsi que les événements, tantôt politiques, tantôt économiques, ont produites, soit sur l'ensemble de nos importations, soit sur les diverses provenances et les catégories diverses dont elles se composent.

IMPORTATION.

FILS DE LIN OU DE CHANVRE.

1838	BELGIQUE.	ANGLETERRE.	DIVERS.	TOTAUX.	PRIX.	VALEUR.
Fils écrus.				kilos.	fr. c.	fr.
Divers nos.	»	»	5.259.322	5.259.322	1.50 à 3.50	17.508.777
Fils blancs.						
Divers nos.	»	»	584.097	584.097	6	3.504.582
		TOTAL GÉNÉRAL......		5.843.419		21.013.359
1839						
Écrus.						
Divers nos.	»	»	6.262.307	6.262.307	1.50 à 5	22.445.892
Blancs.						
Divers nos.	»	»	659.211	659.211	6	3.955.226
		TOTAL GÉNÉRAL......		6.921.518		26.401.158
1840						
Écrus.						
Divers nos.	»	»	6.318.794	6.318.794	1.50 à 5	24.292,276
Blancs.						
Divers nos.	»	»	545.185	545.185	6	3.271.110
		TOTAL GÉNÉRAL......		6.863.979		27.563.386

1841	BELGIQUE.	ANGLETERRE.	DIVERS.	TOTAUX.	PRIX.	VALEUR.
Ecrus.						
—						
Divers nᵒˢ.	»	»	9.134.716	kilos. 9.134.716	fr. c. 3.85 à 5.50	fr. 35.306.483
Blancs.						
—						
Divers nᵒˢ.	»	»	843.299	843.299	6 à 6.50	5.064.695
TOTAL GÉNÉRAL......				9.978.015		40.371.178
1842						
Ecrus.						
— mètres.						
Au-dessous de 6.000	112.326	2.091.148	3.024	2.206.498	3.85	8.495.017
12.000	76.887	4.343.495	31.201	4.451.583	3.85	17.138.594
24.000	255.847	2.402.043	2.092	2.659.982	3.85	10.240.931
Au-dessus de 24.000	96.567	1.007.498	5.676	1.109.741	3.85	4.272.502
—	541.627	9.844.184	41.993	10.127.804		40.147.044
Blancs.						
—						
Au-dessous de 6.000	»	11.851	27	11.878	6	71.268
12.000	»	207.575	2.679	210.254	6	1.261.524
24.000	9.790	668.687	6.322	684.799	6	4.108.794
Au-dessus de 24.000	13.719	105.852	11.653	131.224	6	787.314
—	23.509	993.965	20.681	1.038.155		6.228.930
Teints.						
—						
Divers nᵒˢ. De 6 à 24.000	»	»	16.776	16.776		117.293
TOTAL GÉNÉRAL......				11.482.735		46.493.267
1843						
Ecrus.						
—						
Au-dessous de 6.000	387.963	841.109	1.965	1.231.037	3.85	4.739.492
12.000	189.890	3.409.507	5.590	3.604.987	3.85	13.879.200
24.000	350.076	1.126.788	7.617	1.484.481	3.85	5.703.702
Au-dessus de 24.000	169.392	651.458	5.363	826.213	3.85	3.189.920
—	1.097.321	6.028.862	20.535	7.146.718		27.503.314
Blancs.						
—						
Au-dessous de 6.000	6.644	9.195	29	15.868	6	95.208
12.000	0	59.497	2.917	62.414	6	374.484
24.000	11.681	436.450	1.210	449.341	6	2.696.046
Au-dessus de 24.000	0	61.575	10.480	72.065	6	432.390
—	18.325	566.717	14.646	599.688		3.598.128
Teints.						
—						
Divers nᵒˢ.	»	»	4.898	4.898	»	24.286
TOTAL GÉNÉRAL......				7.751.304		31.125.728

1844.	BELGIQUE.	ANGLETERRE.	DIVERS.	TOTAUX.	PRIX.	VALEUR.
Ecrus.					fr. c.	fr.
— mètres.						
Au-dessous de 6.000	550.198	631.725	289	1.202.212	3.85	4.628.516
12.000	397.444	3.935.066	647	4.233.157	3.85	16.682.655
24.000	513.239	584.088	991	1.098.318	3.85	4.228.524
Au-dessus de 24.000	262.676	671.430	2.091	936.197	3.85	3.604.358
	1.723.557	5.842.309	4.018	7.569.884		29.144.053
Blancs.						
Au-dessous de 6.000	23.660	4.911	6	28.577	6	171.462
12.000	9	32.941	1.588	34.538	6	207.228
24.000	14.264	254.172	13	268.449	6	1.610.694
Au-dessus de 25.000	4.594	121.057	5.775	131.426	6	788.556
	42.527	413.081	7.382	462.990		2.777.940
Teints.						
Divers nos.	»	»	9.653	9.653		67.571
TOTAL GÉNÉRAL.....				8.042.527		31.989.564
1845.						
Ecrus.						
Au-dessous de 6.000	625.576	23.720	2.572	651.868	3.85	2.509.692
12.000	515.122	3.107.148	2.320	3.624.590	3.85	13.954.672
24.000	774.434	476.568	13.693	1.264.695	3.85	4.869.076
36.000	356.328	682.854	4.043	1.043.225	3.85	4.016.416
Au-dessus de 36.000	»	120.952	3.643	124.595	3.85	479.691
	2.271.460	4.411.242	26.271	6.708.973		25.829.547
Blancs.						
Au-dessous de 6.000	13.119	1.990	»	15.309	6	91.854
12.000	»	1.364	1.074	2.438	6	14.628
24.000	116	358.251	433	358.800	6	2.152.800
36.000	13.172	88.380	4.160	105.712	6	634.272
Au-dessus de 36.000	»	26.386	1.453	27.839	6	167.034
	26.607	476.371	7.120	510.098		3.060.588
Teints.						
Divers nos.	»	»	8.663	8.663	7	60.641
TOTAL GÉNÉRAL.....				7.227.734		28.950.776
1846.						
Ecrus.						
Au-dessous de 6.000	411.688	39.982	698	452.368	3.85	1.741.617
12.000	522.023	1.781.589	498	2.304.110	3.85	6.870.823
24.000	521.541	172.035	5.442	699.053	3.85	2.691.354
36.000	244.349	174.980	3.388	422.717	3.85	1.627.460
Au-dessus de 36.000	55.659	830.593	731	886.983	3.85	3.414.885
	1.755.260	2.999.179	10.792	4.765.231		16.346.139
Blancs.						
Au-dessous de 6.000	»	2.834	6	2.840	6	17.040
12.000	»	3.636	1.116	4.752	6	28.512
24.000	11.215	94.811	46	106.132	6	636.912
36.000	6.418	43.747	1.380	51.543	6	309.270
Au-dessus de 36.000	3.000	61.404	495	64.899	6	389.394
	20.633	206.512	3.043	230.188		1.381.128
Teints.						
Divers nos.	»	»	956	956	7	6.692
TOTAL GÉNÉRAL.....				4.996.375		17.733.959

1847	BELGIQUE.	ANGLETERRE.	DIVERS.	TOTAUX.	PRIX.	VALEUR.
Ecrus.						
mètres.				kilos.	fr. c.	fr.
Au-dessous de 6.000	336.271	15.648	127	352.046	1.45	522.306
12.000	174.651	330.006	118	504.775	2.05	1.047.966
24.000	356.652	56.503	24	413.179	3.15	1.231.338
36.000	482.532	87.874	477	270.880	4.85	1.323.686
Au-dessus de 36.000	102.728	220.253	1.044	324.022	8.50	2.754.487
Blancs.	1.152.834	710.284	1.784	1.864.902		6.879.483
Au-dessous de 6.000	»	2.801	25	2.826	2.45	6.076
12.000	»	»	963	963	3	2.889
24.000	6.064	9.822	93	14.979	4.50	67.405
36.000	1.399	8.376	2	9.777	6.50	63.551
Au-dessus de 36.009	10.714	40.920	1.096	52.730	11	580.030
Teints.	17.177	61.919	2.179	81.275		719.951
Divers n°°.	»	»	»	»	»	»
TOTAL GÉNÉRAL......				1.946.177		7.599.434

1848	BELGIQUE.	ANGLETERRE.	DIVERS.	TOTAUX.	PRIX.	VALEUR.
Ecrus.						
Au-dessous de 6.000	43.340	500	174	44.014	1.40	61.620
12.000	28.758	53.432	61	82.251	1.90	156.277
24.000	62.191	3.490	8	65.689	2.75	180.645
36.000	66.302	13.276	1.328	80.906	3.40	275.080
Au-dessus de 36.000	36.762	59.944	»	97.706	7.30	713.254
Blancs.	238.353	130.642	1.571	370.566		1.386.876
Au-dessous de 6.000	»	72	29	101	2.10	212
12.000	»	»	618	618	2.75	1.700
24.000	»	1.307	6	1.313	3.85	4.399
36.000	»	2.098	330	2.428	4.60	11.169
Au-dessus de 36.000	5.468	10.118	72	15.658	9	140.922
	5.468	13.595	1.055	20.118		158.402
TOTAL GÉNÉRAL......				390.684		1.545.278

1849	BELGIQUE.	ANGLETERRE.	DIVERS.	TOTAUX.	PRIX.	VALEUR.
Ecrus.						
Au-dessous de 6.000	20.632	»	194	20.826	1.40	29.156
12.000	64.404	27.430	102	91.936	2.10	193.066
24.000	297.386	2.054	2.609	302.309	3	906.927
36.000	154.775	7.807	2.800	165.382	4	661.528
Au-dessus de 36.000	151.753	88.154	1.322	241.229	8	1.929.832
Blancs.	689.150	125.445	7.087	821.682		3.720.509
Au-dessous de 6.000	»	75	34	109	2.15	234
12.000	5.284	5.701	645	11.630	3	34.890
24.000	5.248	469	»	5.717	4	22.868
36.000	11.373	7.073	3.666	22.112	5.50	121.616
Au-dessus de 36.000	5.482	964	1.636	7.082	10.50	74.361
	20.387	14.282	5.981	46.650		253.969
TOTAL GÉNÉRAL......				868.332		3.974.478

1850.	BELGIQUE.	ANGLETERRE.	DIVERS.	TOTAUX.	PRIX.	VALEUR.
Écrus.						
— mètres.				kilos.	fr. c.	fr.
Au-dessous de 6.000	134.544	112	657	135.313	1.55	209.735
12.000	123.191	50.367	62	173.920	2.30	400.016
24.000	271.406	14.155	1.735	287.296	3.30	948.077
36.000	132.185	12.112	8	144.305	4.40	634.942
Au-dessus de 36.000	120.146	155.224	2.150	277.520	8.80	2.442.176
Blancs.	781.472	232.270	4.612	1.018.354		4.634.946
Au-dessous de 6.000	»	293	43	336	2.35	790
12.000	»	3.100	1.139	4.239	3.30	13.989
24.000	11.097	290	»	11.387	4.40	50.103
36.000	15.908	774	»	16.682	6.10	101.760
Au-dessus de 36.000	8.184	727	1.578	10.489	11.60	121.672
	35.189	5.184	2.760	43.133		288.314
TOTAL GÉNÉRAL......				1.061.487		4.923.260
1851.						
Écrus.						
Au-dessous de 6.000	223.210	5.522	588	229.320	1.40	321.048
12.000	114.365	246.650	251	361.266	2.05	740.595
24.000	89.305	24.326	2.243	115.874	3	347.622
36.000	106.440	8.292	9.634	124.366	4	497.464
Au-dessus de 35.000	67.542	121.434	2.323	191.299	8	1.530.392
Blancs.	600.862	406.224	15.039	1.022.125		3.437.124
Au-dessous de 6.000	5.366	»	21	5.377	2.05	11.023
12.000	»	8.524	1.113	9.634	3	28.902
24.000	1.153	»	»	1.153	4	4.612
36.000	14.578	5.541	1.146	21.265	5.50	116.938
Au-dessus de 36.000	»	1.101	3.396	4.497	10.50	47.219
Teints.	21.087	15.163	5.676	41.926		208.714
Divers nᵒˢ.	»	»	14.569	14.569		100.160
TOTAL GÉNÉRAL......				1.078.620		3.745.995
1852.						
Écrus.						
Au-dessous de 6.000	234.745	867	1.315	336.927	1.40	331.698
12.000	82.937	84.545	65	167.547	2.05	343.471
24.000	171.598	29.198	676	201.472	3	604.416
36.000	99.411	10.569	8.087	118.067	4.40	519.495
Au-dessus de 36.000	92.353	189.917	7.945	290.215	8.80	2.553.892
Blancs.	681.044	315.096	18.088	1.014.228		4.352.972
Au-dessous de 6.000	431	»	59	490	2.05	1.004
12.000	470	»	733	1.203	3	3.609
24.000	14.401	902	»	15.303	4.40	67.333
36.000	10.416	128	3.323	13.867	6	83.202
Au-dessus de 36.000	»	992	1	993	11.50	11.420
Teints.	25.718	2.022	4.116	31.856		166.568
Divers nᵒˢ.	»	»	21.855	21.855	5.20 à 18	73.854
TOTAL GÉNÉRAL......				1.067.939		4.593.394

1853	BELGIQUE.	ANGLETERRE.	DIVERS.	TOTAUX.	PRIX.	VALEUR.
Ecrus.						
— mètres.				kilos.	fr. c.	fr.
Au-dessous de 6.000	305.945	»	426	306.371	1.30	398.282
12.000	219.205	4.064	928	224.197	1.95	437.184
24.000	103.209	12.422	210	115.841	2.80	324.355
36.000	96.649	3.597	6.172	106.418	4.40	468.239
Au-dessus de 36.000	113.809	129.681	2.549	246.039	8.80	2.165.143
	838.817	149.764	10.285	998.866		3.793.203
Blancs.						
Au-dessous de 6.000	1.227	»	123	1.350	1.95	2.633
12.000	7.246	»	1.297	8.543	2.80	23.920
24.000	25.120	»	565	25.685	4.40	113.014
36.000	36.796	13	1.948	38.757	6	232.542
Au-dessus de 36.000	2.125	354	739	3.218	11.50	37.007
	72.514	367	4.672	77.553		409.116
TOTAL GÉNÉRAL......				1.076.419		4.202.319

1854	BELGIQUE.	ANGLETERRE.	DIVERS.	TOTAUX.	PRIX.	VALEUR.
Ecrus.						
Au-dessous de 6.000	145.090	»	3.235	148.325	1.40	207.655
12.000	53.400	»	179	53.579	2.10	112.516
24.000	97.175	1.951	6.192	105.318	2.55	268.561
36.000	67.668	3.068	5.316	76.052	4	304.208
Au-dessus de 36.000	67.984	82.656	2.568	153.208	8	1.225.664
	431.317	87.675	17.490	536.482		2.118.604
Blancs.						
Au-dessous de 6.000	7.297	»	24	7.321	2.10	15.374
12.000	19.964	»	794	20.758	3.10	64.350
24.000	24.189	1.791	»	25.980	4	103.820
36.000	36.039	888	7	36.934	5.50	203.137
Au-dessus de 36.000	1.964	4.237	»	6.201	10.50	65.411
	89.453	6.916	825	97.194		451.792
TOTAL GÉNÉRAL......				633.676		2.570.396

1855	BELGIQUE.	ANGLETERRE.	DIVERS.	TOTAUX.	PRIX.	VALEUR.
Ecrus.						
— Divers nᵒˢ.	564.074	92.347	4.634	661.055	3.75	2.478.956
Blancs.						
— Divers nᵒˢ.	58.370	1.505	1.405	61.280	4.45	272.696
Teints.						
— Divers nᵒˢ.	56.583	8.538	1.951	67.072	7.80	523.162
TOTAL GÉNÉRAL......				791.417		3.274.814

1856	BELGIQUE.	ANGLETERRE.	DIVERS.	TOTAUX.	PRIX.	VALEUR.
Ecrus.				kilos.	fr. c.	fr.
Divers nᵒˢ.	711.460	136.119	16.168	857.747	3.64	3.122.199
Blancs.						
Divers nᵒˢ.	65.501	»	6.125	71.626	3.40	243.528
Teints.						
Divers nᵒˢ.	53.440	9.719	2.053	65.212	6.75	440.181
		TOTAL GÉNÉRAL......		994.585		3.805.908

1857	BELGIQUE.	ANGLETERRE.	DIVERS.	TOTAUX.	PRIX.	VALEUR.
Ecrus.						
Divers nᵒˢ.	898.270	203.490	13.668	1.115.425	2.88	3.212.433
Blancs.						
Divers nᵒˢ.	62.821	5.661	726	69.208	4.74	328.046
Teints.						
Divers nᵒˢ.	20.383	9.806	3.566	33.755	6.59	223.445
		TOTAL GÉNÉRAL......		1.218.388		3.762.924

IX

Nous laissons aux hommes spéciaux le soin d'étudier et de commenter les riches matériaux que contiennent ces tableaux annuels dressés avec beaucoup de peine et très-consciencieusement. Nous nous permettrons seulement, pour notre part, de signaler particulièrement le tableau-résumé qui suit :

ANNÉES.	BELGIQUE.	ANGLETERRE.	DIVERS.	TOTAUX.	VALEUR.
1842............	565.136	10.838.149	79.450	11.482.735 k.	46.493.267 f.
1843............	1.115.646	6.595.579	40.079	7.751.304	31.125.728
1844............	1.766.084	6.255.390	21.053	8.042.527	34.989.564
1845............	2.298.067	4.887.613	42.054	7.227.734	28.950.776
Total de 4 ans....	5.744.933	28.576.731	182.636	34.504.300	144.559.335
Moyenne	1.436.233	7.144.183	45.659	8.626.075	36.139.833
1846............	1.775.893	3.205.691	14.791	4.996.375	17.733.959
1847............	1.170.011	772.203	3.963	1.946.177	7.599.434
1848............	243.821	144.237	2.626	390.684	1.545.278
1849............	715.537	139.727	13.086	868.332	3.974.478
Total de 4 ans....	3.905.262	4.261.858	34.466	8.201.568	30.853.149
Moyenne	976.315	1.065.464	8.616	2.050.392	7.713.287
1850............	816.661	237.454	7.372	1.061.487	4.923.260
1851............	621.949	421.387	35.284	1.078.620	3.745.995
1852............	705.762	317.118	44.059	1.067.939	4.593.394
1853............	911.331	150.131	14.957	1.076.419	4.202.319
Total de 4 ans....	3.055.703	1.126.090	101.672	4.284.465	17.464.968
Moyenne	764.176	281.522	25.418	1.071.116	4.366.242
1854............	520.770	94.591	18.315	633.676	2.570.396
1855............	679.027	102.390	7.990	791.417	3.274.814
1856............	830.401	145.838	18.346	994.585	3.805.908
1857............	981.474	218.957	17.960	1.218.388	3.762.924
Total de 4 ans....	3.011.672	561.776	62.611	3.638.066	13.414.042
Moyenne	752.918	140.444	15.655	909.516	3.353.510

Il ressort manifestement de ce tableau-résumé que notre importation en fils de lin et de chanvre n'a pas discontinué à décroître, mais que la cause de cette décroissance n'est point dans les rigueurs protectionnistes de 1841. S'il en était ainsi, la décroissance n'aurait pas dû porter sur les provenances belges, qui, un an après l'établissement du tarif presque prohibitif du 6 mai 1841, en furent soustraites par la convention de juillet 1842; or, notre tableau-résumé fait suffisamment voir qu'il n'en était pas du tout ainsi, et qu'au contraire les provenances belges ont subi le sort général et sont allées, elles aussi, en diminuant.

Cette prévision de voir les provenances belges gagner par le tarif de faveur une partie au moins de ce que perdront les autres provenances par le tarif de rigueur, cette prévision était pourtant si naturelle et tellement conforme aux idées dont s'inspirait la législation protectrice, que, douze ans après, on crut encore devoir se raviser et borner ces faveurs, dont la Belgique pourrait bien vouloir abuser. En effet, par le décret du 27 janvier 1854, on établissait une sévère ligne de démarcation entre les importations des premiers deux millions de kilos, et celles du troisième million et de ce qui dépasserait encore ce dernier chiffre; les tarifs furent établis comme suit pour les fils écrus de provenance belge :

	2 MILLIONS KIL.	3 MILLIONS.	AU DELA DE 3 MILLIONS.
Au-dessous de 6,000........	17—60	29—70	35—75
De 6 à 12,000........	26—40	39—60	46—20
De 12 à 24,000.........	44	65—25	75—85
De 24 à 36,000	73	104—85	119—25
Au-dessus de 36,000.........	39—65	132—65	154—05

C'était là évidemment une combinaison très-savante, très-ingénieuse, fort compliquée, mais tout au moins aussi inutile qu'elle était compliquée; à la seule exception de l'année 1845, l'importation belge n'avait jamais dépassé ni même atteint ce minimum de deux millions de kilos auquel on croyait devoir borner le traitement de haute faveur qu'on lui accordait; c'est à peine si dans les quatre années *réunies* de 1850 à 1853 ou de 1854 à 1857, cette importation atteint au chiffre de 3 millions; encore, ce chiffre comprend-il tous les fils indistinctement, tandis que le décret du 27 janvier 1854 n'avait voulu réglementer que l'importation des fils écrus, pour lesquels seuls il avait prévu une importation de plus de 3 millions de kilos.

Preuve nouvelle, combien sont parfois exagérées les craintes de ceux qui redoutent aussitôt une « inondation » à chaque relâchement dans les rigueurs du tarif ! Le fait que nous venons de citer relativement à l'insignifiance de l'importation belge et à l'entière inefficacité des tarifs différentiels, semble démontrer, au contraire, que l'amoindrissement dans nos importations était dû à des causes qu'il faut chercher en dehors du tarif, soit que la production étrangère ait diminué, ou que l'étranger ait préféré tisser lui-même ses fils que de nous les livrer, soit que la production des fils en France ait considérablement augmenté, ou que le tissage y ait diminué.

X

Cette dernière alternative, toutefois, ne nous paraît pas admissible ; tout autorise à croire, au contraire, que le tissage en France a considérablement progressé, et que la diminution dans l'importation des fils étrangers provenait surtout de ce que les manufacturiers français, grâce au progrès de la filature nationale, pouvaient de plus en plus sûrement et complétement s'approvisionner de leurs matières premières dans le pays même. En effet, la filature française, dans ces derniers 15 ou 20 ans, semble avoir progressé dans des proportions plus rapides que celle des pays voisins et sous certains rapports presque aussi rapidement que la filature anglaise elle-même. Ainsi, de 1,100,000 broches qu'elle comptait en 1841, la Grande-Bretagne était arrivée, en 1856, à en occuper 1,600,000 environ ; pour alimenter les filatures, elle avait, en 1841, en lins d'Irlandes et autre lins indigènes, un approvisionnement de 35 millions de kil., auquel s'ajoutait une importation de 63 millions de kilos, soit ensemble 98 millions ; en 1856, elle tirait de l'Irlande et d'autres parties du pays même, environ 75 millions de kilos, auxquels s'ajoutait une importation de 106 millions de kilos, soit ensemble 181 millions de kilos. La consommation, il est vrai, s'est accrue beaucoup plus lentement en France, puisque cette consommation, qui avait été de 52.5 millions de kilos en 1841 (dont 3.5 millions de kilos d'importation), n'était arrivée, quinze ans après, qu'à 71 millions de kilos (dont 22 millions d'importation), ce qui ne donne qu'une progression de 18.5 millions de kilos, tandis que nous avons vu la consommation monter en Angleterre, dans le même espace de temps, de plus de 80 millions de kilos ; cependant, le nombre des broches a monté chez nous proportionnellement d'une façon plus rapide qu'en

Angleterre : de **80,000** broches que nous avions en 1841, nous sommes arrivés, en 1856, à 450,000, ou peut-être même à 500,000, c'est-à-dire que le nombre en a plus que *sextuplé* dans l'espace de 15 ans. La protection accordée à la filature française paraît ainsi avoir eu pour résultat de stimuler l'esprit d'entreprise dont l'activité plus grande s'est manifestée dans la rapide augmentation du nombre des broches, tandis que l'accroissement de leurs débouchés à l'intérieur n'a aucunement répondu aux espérances factices que les mesures de protection avaient fait naître, et il semble en être résulté ce fait, que le travail moyen par broche est devenu moindre en 1856 qu'il n'avait été en 1841.

XI

Il y a un résultat certain que les mesures protectrices de la filature devaient inévitablement produire et qu'elles ont produit en effet :
c'est une demande analogue de protection de la part des représentants
du tissage. Quelque épris que l'on soit des idées plus ou moins libre-
échangistes, on ne se refusera cependant pas à reconnaître que ces exigences avaient bien leur raison d'être, qu'elles étaient la conséquence lo-
gique des faveurs accordées à la filature. Quand les tisserands se
voyaient dans l'impossibilité de s'approvisionner à leur gré de fils anglais,
belges ou autres, ils étaient bien en droit de demander à la loi de les
protéger contre une infériorité que leur imposait la loi même vis-à-vis
de leurs concurrents étrangers.

C'est là une de ces circonstances atténuantes dont peut-être on ne tient
pas assez compte dans l'appréciation de l'histoire et de la législation doua-
nières de la France durant la première moitié du dix-neuvième siècle,
surtout quand il s'agit de fixer la part d'éloges et du blâme qui revient
dans cette organisation à ceux qu'on appelle les grands industriels. On
oublie qu'à part toutes les autres raisons, vraies ou non, d'infériorité vis-
vis de l'étranger, ces grands industriels se trouvaient presque toujours
désavantagés par les prix élevés auxquels le régime protecteur mettait
leurs matières premières. Quand le fabricant de machines dut payer des
droits fort élevés pour l'entrée des fers, matière première de ces machines ; quand les fabricants de draps ne pouvaient pas acheter leurs laines
en Australie ni même en Allemagne ou ailleurs ; quand ils durent acheter absolument la laine, quelquefois mauvaise et toujours chère, des éle-
veurs français, n'étaient-ils pas en droit de réclamer que les droits pro-

tecteurs vinssent rétablir l'équilibre entre eux et leurs concurrents étrangers, qui allaient s'approvisionner partout où bon et utile leur semblait?

On a parfaitement senti la justesse de cette remarque dès le premier
jour de la « nouvelle ère économique » que doivent ouvrir la lettre impériale
du 5 janvier et le traité de commerce signé 18 jours après. Aussi, dans le
programme économique qu'établissait la lettre impériale, vit-on l'affran-
chissement des matières premières figurer au premier rang; l'empressement que les ministres de Napoléon III ont mis à présenter au Corps
législatif les projets de loi destinés à réaliser cette promesse, prouve suffisamment qu'ils sentent tout le poids de cette objection qu'on pourrait
tirer, contre le régime de la liberté commerciale, des restrictions auxquelles
est encore soumise l'entrée des matières premières. Cet empressement
est, certes, des plus louables; on pourrait cependant se demander peut-
être si le mot de *matière première* n'est pas pris dans un sens trop étroit
et s'il est vrai dans les faits, — comme la législation douanière semble
l'admettre assez généralement, — que « matières premières » et « matières *brutes*» soient tout à fait identiques. Pour notre part, nous ne le
pensons pas; la matière première n'est pas forcément et toujours une matière brute. Si, par exemple, le chanvre est la matière première pour le
tisserand, son produit, — quelque supérieur que soit déjà dans ce produit la valeur du travail sur celle de la matière, — redevient matière
première pour le teinturier.

Ce manége, naturellement, se répète plus ou moins dans toutes les industries. Il y a même ce côté remarquable, que plus l'industrie progresse,
et plus se multiplient les matières premières, parce que, avec la division du
travail, qui est un des indices les plus sûrs et en même temps une des
garanties les plus efficaces du progrès industriel, s'accroît aussi le nombre
des mains par lesquelles un produit donné pourra et devra passer avant
d'atteindre sa destination définitive, qui est la main du consommateur.

Pour revenir à l'objet particulier de notre esquisse, on comprend que les
représentants du tissage en France ne se sont pas fait défaut de réclamer,
eux aussi, les faveurs et les préférences que la loi et l'administration accor-
daient si largement à la filature.

XII.

Trois tarifs ont, durant ces vingt-cinq dernières années, régi l'importation des tissus de lin et de chanvre en France. Il y a d'abord le tarif général de 1836 qui établit les droits d'importation que voici :

NOMBRE DE FILS SUR 5 MILLIM.	TOILES ÉCRUES.	TOILES BLANCHES.
Au-dessous de 8 fils.	30 fr.	60 fr.
8 »	35	72
9 à 12 »	65	130
12 »	75	150
13 à 16 »	105	210
16 »	150	300
17 »	170	340
18 à 19 »	180	360
20 »	225	450
Au-dessus de 20 »	350	760

Ce tarif si élevé produisit dès l'abord l'effet qu'on s'en était promis ; ainsi l'importation des toiles, qui avait été de 5,875,944 kilos en 1838, descendait, dès l'année suivante, à 4,989,521 kilos, et, une année après (1840), à 4,601,132. Il paraît cependant qu'aux yeux des intéressés la diminution n'était pas assez forte et assez rapide. Elle pouvait surtout ne pas leur paraître assez assurée, lorsqu'en 1841 ils virent derechef l'importation des toiles dépasser les chiffres des deux années précédentes et remonter à 5,409,043 kilos. Une autre particularité peut les avoir inquiétés : l'effet du tarif de 1836 semblait se borner aux qualités inférieures qui ne pouvaient pas supporter des droits si élevés, tandis que les qualités supérieures s'en accommodaient assez bien et s'empressaient d'occuper la place laissée vide par la diminution dans l'importation des toiles ordinaires.

Les tableaux qui suivent mettront le lecteur à même de juger en tous leurs détails les effets du tarif de 1836 (1).

IMPORTATION.

TISSUS DE LIN OU CHANVRE.

1838	BELGIQUE.	ANGLETERRE.	DIVERS.	TOTAUX.	PRIX.	VALEUR.
En écru. **Aux 5 millimètres.**	kilos.	kilos.	kilos.	kilos.	fr. c.	fr.
Moins de 8 fils.	1.523.411	643.040	337.497	2.506.954	2	5.103.908
8	369.753	28.643	30.585	428.981	4.25	1.823.169
9 à 12	1.114.557	52.537	21.321	1.218.415	4.25	5.178.264
12	183.255	17.407	1.783	202.445	8	1.619.560
13 à 16	164.781	87.772	2.008	254.561	8	2.036.488
16	24.140	13.893	419	38.452	13	499.876
17	11.885	10.588	118	22.591	13	293.683
18 à 19	8.081	18.907	36	27.024	20	540.480
20	1.083	2.356	5	3.444	30	103.320
Au-dessus de 20	3.794	1.031	0	4.824	30	144.750
	3.434.710	879.180	393.772	4.707.092		17.253.498
En mi-blanc ou blanc.						
Moins de 8 fils.	3.724	380.560	74.797	459.081	3	1.377.243
8	2.281	155.171	10.322	167.774	6.30	1.055.976
9 à 12	93.491	103.198	61.948	258.737	6.30	1.630.043
12	35.954	2.261	8.219	46.434	11.60	538.634
13 à 16	47.474	3.557	67.173	118.204	11.60	1.371.166
16	31.328	2.312	3.206	36.846	17.60	648.490
17	4.744	2.101	2.849	9.694	17.60	170.644
18 à 19	9.412	2.698	2.081	15.191	26.60	404.081
20	1.523	1.165	1.770	4.428	40	178.320
Au-dessus de 20	1.874	2.142	2.255	6.271	40	250.840
	231.805	655.265	235.620	1.122.690		7.626.407
Toile teinte.						
Divers nos.	»	»	42.562	42.562	7	297.934
		TOTAL GÉNÉRAL......		5.872.944		25.177.839

(1) Nos tableaux ne s'occupent que de l'importation, parce que l'exportation est de trop peu d'importance pour être relevée particulièrement. En tout cas, elle se trouve plus que compensée par l'importation de plusieurs articles, tels que les toiles imprimées, les toiles à matelas, le coutil, le linge de table, batiste et linons, qu'à cause de leur importance secondaire nous n'avons pas fait entrer dans les tableaux d'importation non plus.

1839	BELGIQUE.	ANGLETERRE.	DIVERS.	TOTAUX.	PRIX.	VALEUR.
En écru. Aux 5 millimètres.						
	kilos.	kilos.	kilos.	kilos.	fr. c.	fr.
Moins de 8 fils.	1.369.565	526.281	302.781	2.198.627	2	4.397.254
8	345.984	14.624	22.574	383.179	4.25	1.628.510
9 à 12	979.133	44.435	21.519	1.045.087	4.25	4.441.620
12	146.641	6.234	1.006	153.881	8	1.231.048
13 à 16	116.446	132.854	1.748	251.048	8	2.008.384
16	12.792	5.307	330	18.429	13	239.577
17	7.931	4.320	119	12.370	13	160.810
18 à 19	5.282	4.918	152	10.352	20	207.040
20	297	2.792	19	3.108	30	93.240
Au-dessus de 20	228	1.926	25	2.179	30	65.370
	2.984.299	743.691	350.270	4.078.260		14.472.850
En mi-blanc ou blanc.						
Moins de 8 fils.	1.800	217.529	21.574	240.903	3	722.709
8	773	120.120	12.829	133.722	6.30	842.449
9 à 12	189.538	120.494	50.369	360.401	6.30	2.270.526
12	13.004	7.214	5.507	25.722	11.60	298.375
13 à 16	18.452	8.431	31.742	58.625	11.60	680.050
16	1.405	1.708	11.389	14.502	17.60	255.253
17	1.446	1.395	6.774	9.615	17.60	169.224
18 à 19	3.434	2.055	9.477	114.966	26.60	398.098
20	643	1.205	3.447	5.295	40	211.800
Au-dessus de 20	1.199	2.869	3.724	6.992	40	279.680
	231.691	482.220	155.832	870.743		6.128.162
Toile teinte.						
Divers nᵒˢ.	»	»	40.518	40.518	7	283.626
TOTAL GÉNÉRAL......				4.989.521		20.884.638

1840	BELGIQUE.	ANGLETERRE.	DIVERS.	TOTAUX.	PRIX.	VALEUR.
En écru. Aux 5 millimètres.						
Moins de 8 fils.	1.268.702	531.797	232.114	2.032.613	2	4.065.226
8	258.866	22.308	15.447	296.621	4.25	1.260.640
9 à 12	797.410	23.536	19.418	840.364	4.25	3.571.547
12	147.987	4.998	426	153.411	8	1.227.288
13 à 16	90.667	76.570	1.506	178.743	8	1.349.944
16	9.278	15.983	631	25.892	13	335.596
17	5.733	8.223	376	14.332	12	186.316
18 à 19	4.912	14.878	418	20.208	20	404.160
20	362	4.172	43	4.577	30	137.310
Au-dessus de 20	394	2.125	212	2.731	30	81.930
	2.584.311	704.590	270.591	3.559.492		12.620.957
En mi-blanc ou blanc.						
Moins de 8 fils.	118.177	233.207	44.555	395.939	3	1.887.817
8	820	120.305	10.061	131.186	6.30	826.472
9 à 12	48.026	113.993	52.882	214.901	6.30	1.353.876
12	15.285	6.260	10.016	31.561	11.60	366.107
13 à 16	21.733	14.626	29.391	65.750	11.60	762.700
16	1.314	2.810	7.473	11.597	17.60	204.107
17	1.184	740	4.647	6.571	17.60	115.650
18 à 19	2.390	2.744	7.413	12.547	26.60	333.750
20	573	2.899	2.968	6.440	40	257.600½
Au-dessus de 20	1.360	6.299	3.377	11.036	40	441.440
	210.862	503.883	472.783	887.528		5.849.519
Toile teinte.						
Divers nᵒˢ.	»	»	154.112	154.112		795.819
TOTAL GÉNÉRAL......				4.601.132		19.266.295

1841	BELGIQUE.	ANGLETERRE.	DIVERS.	TOTAUX,	PRIX.	VALEUR.
En écru. Aux 5 millimètres.						
	kilos.	kilos.	kilos.	kilos.	fr. c.	fr.
Moins de 8 fils	1.302.357	958.291	161.722	2.422.370	2	4.884.740
8	299.372	110.250	12.901	422.523	4.25	1.795.722
9 à 12	796.616	28.026	21.706	846.348	4.25	3.596.979
12	220.491	6.431	943	227.865	8	1.822.920
13 à 16	170.531	71.998	1.475	244.004	8	1.952.032
16	14.964	7.360	176.681	198.005	13	254.865
17	8.887	5.929	346	15.162	13	197.106
18 à 19	8.762	11.605	363	20.730	20	414.600
20	4.121	4.456	146	8.723	30	261.690
Au-dessus de 20	854	5.481	553	6.888	30	206.640
	2.823.955	1.209.827	376.836	4.410.618		15.347.294
En mi-blanc ou blanc.						
Moins de 8 fils.	14.770	283.372	67.850	365.992	3	1.097.976
8	1.909	178.203	11.343	191.455	6.30	1.206.167
9 à 12	138.977	88.531	24.223	251.731	6.30	1.585.905
12	12.930	2.223	6.052	21.205	11.60	245.978
13 à 16	25.131	11.017	19.919	56.097	11.60	650.725
16	1.518	1.767	2.970	6.255	17.60	110.088
17	1.292	1.690	3.154	6.136	17.60	107.994
18 à 19	2.954	3.570	5.871	12.395	26.60	329.707
20	751	3.822	2.482	7.161	40	286.440
Au-dessus de 20	1.772	5.186	3.182	10.140	40	403.600
	202.010	279.511	147.016	928.567		6.026.580
Toile teinte.						
Divers nᵒˢ.	D	D	69.858	69.858	»	364.859
TOTAL GÉNÉRAL......				5.409.043		21.738.733
1842						
En écru. Aux 5 millimètres.						
Moins de 8 fils.	836.138	909.567	133.554	1.879.259	2	3.758.518
8	261.436	251.788	9.376	522.600	4.25	2.221.050
9 à 12	678.242	56.892	13.004	748.138	4.25	3.179.587
12	259.729	21.103	1.290	282.122	8	2.256.976
13 à 16	289.536	101.829	3.800	395.165	8	4.161.320
16	17.569	25.798	42	43.409	13	564.317
17	9.171	18.296	43	26.500	13	314.500
18 à 19	8.157	20.320	470	28.947	20	578.940
20	820	7.437	9	8.266	30	247.980
Au-dessus de 20	555	7.154	161	7.970	30	239.100
	2.361.353	1.419.281	161.739	3.942.376		16.552.288
En mi-blanc ou blanc.						
Moins de 8 fils	45.197	185.220	60.720	291.138	3	873.414
8	1.959	212.821	10.753	225.533	6.30	1.420.858
9 à 12	12.200	40.289	12.772	65.261	6.30	411.114
22	8.119	5.379	2.722	17.220	11.60	199.752
13 à 16	15.953	9.229	18.407	43.589	11.60	505.632
16	1.528	2.276	2.996	6.800	17.60	119.680
17	879	1.446	2.905	5.230	17.60	92.018
18 à 19	1.686	3.564	4.688	9.938	26.60	264.351
20	525	4.349	1.304	6.178	40	247.120
Au-dessus de 20	2.469	4.539	2.899	9.907	40	396.280
	90.515	469.112	121.167	680.794		4.530.249
Toile teinte.						
Divers nᵒˢ.	»	»	30.702	30.702	»	167.917
TOTAL GÉNÉRAL......				4.653.872		21.250.454

De même que nous l'avons vu plus haut pour les fils, les fabricants de toiles firent de nouveau entendre leurs réclamations. Ils obtinrent en effet un tarif nouveau plus favorable à leurs intérêts que le tarif de 1836 ; ce nouveau tarif, qui est aujourd'hui encore en vigueur, porte la date du 26 juin 1842 et fût applicable à tous les pays, excepté la Belgique ; en voici les stipulations :

Nombre de fils sur 5 millim.	Toiles écrues.	Toiles blanches.	Nombre de fils sur 5 millim.	Toiles écrues.	Toiles blanches.
Au-dessous de 8 fils.	60 fr.	90 fr.	Au-dessous de 16 »	267	417 fr.
8 »	80	115	17 »	287	457
9 à 12 »	126	194	18 à 19 »	297	477
12	144	219	20 »	342	567
13 à 16 »	201	306	Au-dessus de 20 »	467	817

Inutile de dire que ce tarif était surtout dirigé contre les importations anglaises, qui seules avaient une certaine importance à côté des importations belges, auxquelles pourtant, ainsi que nous l'avons dit déjà, ne s'appliquait pas le nouveau tarif. Sur les importations anglaises ce tarif eut réellement beaucoup d'effet ; on en voit la preuve manifeste dans les tableaux qui suivent et qui detaillent, année par année, les importations des toiles selon leur provenance et leur degré de finesse.

1843.	BELGIQUE.	ANGLETERRE.	DIVERS.	TOTAUX.	PRIX.	VALEUR.
En écru. Aux 5 millimètres. —	kilos.	kilos.	kilos.	kilos.	fr. c.	fr.
Moins de 8 fils.	705.868	205.412	103.472	1.014.752	2	2.209.504
8	227.137	23.728	4.483	255.348	4.25	1.085.229
9 à 12	517.866	36.896	3.193	557.955	4.25	2.371.308
12	223.112	9.803	1.561	234.476	8	1.875.808
13 à 16	381.939	17.841	213	399.993	8	3.199.944
16	29.756	9.741	57	39.554	13	514.202
17	13.214	7.300	58	20.572	13	267.436
18 à 19	11.097	14.761	76	25.934	20	518.680
20	1.745	4.729	24	6.498	30	194.940
Au-dessus de 20	4.050	5.307	170	9.527	30	285.810
	2.115.784	335.518	113.307	2.554.609		12.342.861
En mi-blanc ou blanc. —						
Moins de 8 fils.	15.553	140.187	55.394	211.134	3	603.402
8	936	119.205	15.612	135.783	6.30	866.433
9 à 12	9.029	55.508	13.211	77.748	6.30	489.812
12	5.830	8.954	3.665	18.449	11.60	214.008
13 à 16	18.134	27.383	11.141	56.658	11.60	657.233
16	9.146	4.583	5.080	18.809	17.60	331.038
17	1.055	3.072	4.317	8.444	17.60	148.615
18 à 19	1.722	16.181	4.178	22.081	26	587.355
20	649	8.146	2.685	11.480	40	459.200
Au-dessus de 20	44.296	10.170	5.395	59.861	40	2.394.440
	106.380	393.389	120.678	620.447		6.770.536
Toile teinte. —						
Divers nos.	»	»	39.087	39.087	4 à 13	258.166
TOTAL GÉNÉRAL........				3.224.143		19.371.563

1844	BELGIQUE.	ANGLETERRE.	DIVERS.	TOTAUX.	PRIX.	VALEUR.
En écru. Aux 5 millimètres.	kilos.	kilos.	kilos.	kilos.	fr. c.	fr.
Moins de 8 fils.	190.393	112.721	696.225	996.348	2	1.998.696
8	254.261	5.510	3.500	263.272	4.25	1.118.906
9 à 12	524.001	18.670	1.287	543.958	4.25	2.311.822
12	229.419	5.189	1	234.609	8	1.876.872
13 à 16	464.012	23.770	1.701	489.483	8	3.915.834
16	45.194	13.613	221	59.028	13	767.364
17	22.285	10.517	47	32.849	13	427.037
18 à 19	24.011	23.440	39	47.490	20	949.800
20	5.434	8.070	26	13.530	30	405.900
Au-dessus de 20	5.925	7.633	77	13.635	30	409.050
	1.704.937	229.441	703.124	2.697.202		14.181.411
En mi-blanc ou blanc.						
Moins de 8 fils.	79.313	173.087	48.287	300.687	3	902.061
8	518	76.539	17.716	94.803	6.30	597.259
9 à 12	15.749	90.045	14.518	120.312	6.30	757.966
12	10.596	8.110	2.325	31.031	11.60	243.959
13 à 16	24.212	42.253	16.697	83.162	11.60	964.679
16	1.559	6.376	3.819	11.750	17.60	206.800
17	1.510	6.483	3.617	11.610	17.60	204.336
18 à 19	1.753	15.019	4.776	21.548	26.60	573.177
20	551	21.497	3.980	25.008	40	1.000.320
Au-dessus de 20	1.121	51.815	10.062	63.028	40	2.521.120
	136.892	491.250	124.797	752.939		7.971.677
Toile teinte.						
Divers nᵒˢ.	»	»	35.595	35.595	4 à 28	217.512
TOTAL GÉNÉRAL.....				3.485.736		22.370.630
1845.						
En écru. Aux 5 millimètres.						
Moins de 8 fils.	762.954	67.151	72.859	902.964	2	1.805.928
8	264.835	1.388	1.612	267.835	4.25	1.138.299
9 à 12	586.865	5.065	1.020	592.950	4.25	2.520.038
12	272.049	4.554	395	276.998	8	2.215.984
13 à 16	496.528	20.516	1.104	518.148	8	4.145.184
16	40.349	9.778	184	50.311	13	654.043
17	18.965	»	8.756	27.721	13	360.373
18 à 19	17.708	19.431	46	37.185	20	743.700
20	4.708	10.406	21	14.339	30	430.170
Au-dessus de 20	5.559	11.735	772	18.066	30	541.980
	2.469.924	149.824	86.769	2.706.517		14.555.699
En mi-blanc ou blanc.						
Moins de 8 fils.	56.803	97.974	51.550	206.327	6.30	618.981
8	329	18.639	4.286	23.254	6.30	146.500
9 à 12	6.003	16.099	7.298	29.400	6.30	185.220
12	3.337	4.001	2.115	9.456	11.60	109.690
13 à 16	9.794	28.510	11.684	49.988	11.60	579.861
16	1.640	4.511	3.300	9.451	17.60	166.338
17	1.047	3.914	3.496	8.457	17.60	148.843
18 à 19	1.793	5.912	3.053	10.758	26.60	286.163
20	907	2.859	4.944	8.710	40	348.400
Au-dessus de 20	1.385	21.895	8.669	31.499	40	1.227.960
	83.038	204.317	100.395	387.750		3.847.956
Toile teinte.						
Divers nᵒˢ.	»	»	21.182	21.182	4 à 28	123.781
TOTAL GÉNÉRAL.....				3.115.449		18.547.436

1846.	BELGIQUE.	ANGLETERRE.	DIVERS.	TOTAUX.	PRIX.	VALEUR.
En écru. Aux 5 millimètres.	kilos.	kilos.	kilos.	kilos.	fr. c.	fr.
Moins de 8 fils.	658.482	76.045	47.415	781.942	2	1.563.884
8	218.943	106	1.054	220.103	4.25	935.438
9 à 12	474.724	4.090	612	476.426	4.25	2.037.560
12	202.708	3.170	46	205.924	8	1.647.392
13 à 16	428.803	14.376	1.138	444.317	8	3.554.536
16	44.597	7.835	319	52.751	13	685.763
27	15.377	8.015	168	22.560	13	293.280
18 à 19	12.739	13.611	27	26.377	20	527.540
20	2.770	4.759	»	7.529	30	225.870
Au-dessus de 20	4.381	6.533	864	11.778	30	353.340
	2.063.524	137.540	41.643	2.232.707		11.824.603
En mi-blanc ou blanc.						
Moins de 8 fils.	64.410	82.986	36.306	183.702	3	551.106
8	686	8.606	6.686	15.978	6.30	100.661
9 à 12	4.040	4.358	5.672	14.070	6.30	88.641
12	2.567	3.712	1.427	7.706	11.60	89.389
13 à 16	8.238	15.556	9.716	33.510	11.60	388.716
16	2.301	5.150	2.022	9.473	17.60	166.725
17	690	3.085	2.223	5.998	17.60	105.564
18 à 19	1.547	6.113	1.599	9.259	26.60	246.289
20	1.238	3.247	1.201	5.686	40	227.440
Au-dessus de 20	1.507	23.505	9.943	34.955	40	1.398.200
	87.224	156.318	76.795	320.337		3.362.731
Toile teinte.						
Divers nᵒˢ.	»	»	20.239	20.239	•	133.749
TOTAL GÉNÉRAL......				2.593.283		15.321.083

1847	BELGIQUE.	ANGLETERRE.	DIVERS.	TOTAUX.	PRIX.	VALEUR.
En écru. Aux 5 millimètres.						
Moins de 8 fils.	474.234	30.822	45.254	550.310	1.70	935.527
8	147.783	»	1.277	149.060	3.50	521.710
9 à 12	282.658	348	1.443	284.449	3.50	995.572
12	140.386	1.321	»	141.707	6.50	921.096
13 à 16	336.528	8.098	407	345.033	6.50	2.242.714
16	55.470	5.917	59	61.446	11	675.906
17	23.728	7.558	34	31.320	11	344.520
18 à 19	19.348	15.119	366	34.833	16	557.328
20	3.030	5.577	19	8.626	25	215.650
Au-dessus de 20	4.048	3.875	362	11.285	25	282.125
	1.487.213	81.635	49.221	1.618.069		7.692.148
En mi-blanc ou blanc.						
Moins de 8 fils.	42.120	14.119	34.140	90.379	2.50	225.948
8	267	902	1.545	2.714	5.25	14.249
9 à 12	2.194	1.681	2.353	6.228	5.25	32.697
12	2.794	1.284	119	4.197	9.50	39.874
13 à 16	6.905	14.558	10.915	32.378	9.50	307.591
16	888	2.627	1.480	4.995	14.25	71.179
17	558	2.560	1.124	4.242	14.25	60.448
18 à 19	822	3.187	2.071	7.080	22	155.760
20	»	3.126	4.931	8.057	33	265.881
Au-dessus de 20	903	27.799	10.797	39.499	33	1.303.467
	57.451	72.843	69.475	199.769		2.477.091
Toile teinte.						
Divers nᵒˢ.	»	»	10.671	10.671	4	42.684
TOTAL GÉNÉRAL......				828.509		10.211.923

1848.	BELGIQUE.	ANGLETERRE.	DIVERS.	TOTAUX.	PRIX.	VALEUR.
En écru. Aux 5 millimètres.	kilos.	kilos.	kilos.	kilos.	fr. c.	fr.
Moins de 8 fils.	195.691	1.788	18.707	216.186	1.95	421.563
8	92.894	»	621	93.515	2.80	261.842
9 à 12	130.833	»	258	131.091	3.10	406.382
12	60.503	50	»	60.553	4	242.212
13 à 16	484.463	630	28	485.121	7.75	1.064.446
16	31.759	2.369	6	34.134	7.40	252.592
17	12.171	2.839	»	15.010	8.70	130.587
18 à 19	8.824	5.155	16	13.995	11	153.945
20	1.220	1.851	14	3.085	13.75	42.419
Au-dessus de 20	12.694	2.605	197	15.496	23	356.408
	731.052	17.287	19.847	768.186		3.332.396
En mi-blanc ou blanc.						
Moins de 8 fils.	782	2.256	22.301	25.339	2.50	63.348
8	98	1.016	367	1.481	3.70	5.480
9 à 12	2.715	2.575	2.802	8.092	4.25	34.391
12	2.648	567	226	3.441	5.35	18.409
13 à 16	7.859	8.741	5.863	22.463	7.75	174.088
16	1.382	2.443	776	4.601	10	46.010
17	1.278	2.616	897	4.791	11.50	55.097
18 à 19	1.020	4.759	1.868	7.647	14.75	112.793
20	»	2.474	1.526	4.000	18.25	73.000
Au-dessus de 20	61.194	17.748	3.891	82.833	30	2.484
	78.976	45.195	40.517	164.688		3.067.606
Toile teinte.						
Divers nᵒˢ.	»	»	989	989	2.25	2.225
TOTAL GÉNÉRAL......				933.863		6.402.227

1849.	BELGIQUE.	ANGLETERRE.	DIVERS.	TOTAUX.	PRIX.	VALEUR.
En écru. Aux 5 millimètres.						
Moins de 8 fils.	256.921	19.239	29.198	305.358	1.95	595.448
8	148.566	»	477	149.043	2.90	432.225
9 à 12	195.455	»	588	196.043	3.30	646.942
12	77.157	189	54	77.400	4.50	348.300
13 à 16	251.158	2.439	67	253.664	6	1.521.984
16	41.301	7.533	23	48.857	7.75	378.642
17	21.078	8.024	39	29.141	8.50	247.698
18 à 19	22.006	14.351	28	36.385	11.25	409.331
20	4.165	6.841	»	11.006	13.75	151.332
Au-dessus de 20	4.278	10.260	175	14.713	23	338.399
	1.022.085	68.876	30.649	1.121.610		5.070.301
En mi-blanc ou blanc.						
Moins de 8 fils.	11.035	5.336	29.646	46.017	2.50	115.042
8	412	3.823	1.540	5.775	3.30	19.057
9 à 12	8.256	5.182	2.129	15.567	4.30	66.938
12	9.998	2.425	56	12.479	4.80	59.899
13 à 16	15.608	21.364	8.029	45.001	7	315.007
16	11.800	8.276	326	20.402	8.50	173.417
17	2.868	6.291	427	9.586	9.50	91.067
18 à 19	6.639	11.148	2.226	20.013	13.25	265.172
20	5.988	4.388	1.733	12.109	16	193.744
Au-dessus de 20	5.816	28.714	12.577	47.107	28	1.318.996
	78.420	96.947	58.689	234.056		2.618.339
Toile teinte.						
Divers nᵒˢ.	»	»	203	203	2.25	456
TOTAL GÉNÉRAL......				1.355.869		7.680.096

1850.	BELGIQUE.	ANGLETERRE.	DIVERS.	TOTAUX.	PRIX.	VALEUR.
En écru. Aux 5 millimètres.	kilos.	kilos.	kilos.	kilos.	fr. c.	fr.
Moins de 8 fils.	442.357	13.797	26.342	482.496	2.05	989.117
8	168.714	2.807	561	172.082	3.05	524.850
9 à 12	285.711	»	684	286.395	3.40	988.063
12	115.324	»	715	116.039	4.75	551.185
13 à 16	273.113	2.458	71	275.662	6.30	1.736.674
16	33.701	7.535	35	41.271	8.15	336.359
17	16.855	7.150	88	24.093	8.90	214.428
18 à 19	20.807	13.454	»	34.261	11.80	404.280
20	4.422	5.257	»	9.679	14.45	139.862
Au-dessus de 20	5.890	3.644	299	14.833	24.15	358.217
	1.366.914	61.102	28.795	1.456.811		6.243.032
En mi-blanc ou blanc.						
Moins de 8 fils.	4.127	2.228	25.031	31.386	2.65	83.172
8	2.509	627	1.182	4.318	3.45	14.697
9 à 12	19.038	1.713	1.849	22.600	4.50	101.700
12	6.303	946	194	7.443	5.05	37.587
13 à 16	59.083	22.335	11.007	92.425	7.35	679.324
16	6.451	9.789	807	17.047	8.90	151.718
17	3.721	7.985	399	12.105	10	121.050
18 à 19	4.374	9.118	396	13.888	13.90	220.843
20	2.125	6.201	183	8.509	16.80	142.951
Au-dessus de 20	4.151	29.763	5.309	39.223	29.40	1.153.156
	111.882	90.705	46.357	248.944		2.706.398
Toile teinte.						
Divers n°°.	3.819	2.330	6.939	13.088	»	145.221
TOTAL GÉNÉRAL......				1.718.843		9.094.651
1851.						
En écru. Aux 5 millimètres.						
Moins de 8 fils.	328.195	6.412	23.356	357.963	1.90	680.130
8	138.433	»	675	139.108	2.85	396.458
9 à 12	205.139	»	1.487	206.626	3.20	661.203
12	90.013	»	459	90.472	4.35	393.553
13 à 16	220.336	3.373	541	224.250	5.95	1.334.288
16	36.761	7.256	16	44.033	7.65	336.852
17	16.280	6.305	»	22.585	8.35	488.585
18 à 19	12.624	13.177	»	25.801	11.10	286.391
20	2.266	5.865	»	8.131	13.55	110.175
Au-dessus de 20	2.979	8.515	91	11.585	22.70	262.980
	1.053.026	50.903	26.625	1.130.554		4.650.615
En mi-blanc ou blanc.						
Moins de 8 fils.	9.141	253	25.604	34.998	2.50	87.495
8	1.910	»	677	2.587	3.25	8.408
9 à 12	5.656	2.218	2.724	10.588	4.25	44.999
12	3.767	3.178	430	7.375	4.75	35.031
13 à 16	10.188	20.763	9.755	40.706	6.90	280.871
16	1.972	4.894	1.237	8.103	8.35	67.660
17	2.929	4.437	1.261	8.627	9.40	81.094
18 à 19	2.420	6.685	1.612	10.717	13.05	139.857
20	2.282	3.744	63	6.089	15.80	96.206
Au-dessus de 20	5.419	32.089	4.724	42.232	27.65	1.167.715
	45.674	78.261	48.807	172.022		2.009.336
Toile teinte.						
Divers n°°.	»»	»»	4.856	4.856	»	29.573
TOTAL GÉNÉRAL......				1.307.432		6.689.524

1852	BELGIQUE.	ANGLETERRE.	DIVERS.	TOTAUX.	PRIX.	VALEUR.
En écru. Aux 5 millimètres.	kilos.	kilos.	kilos.	kilos.	fr. c.	fr.
Moins de 8 fils.	239.552	9.626	22.277	271.455	1.90	575.764
8	136.564	»	1.811	138.375	2.85	394.369
9 à 12	194.300	»	1.209	195.500	3.20	625.629
12	89.348	»	217	80.565	4.35	389.608
13 à 16	252.293	4.748	2.784	259.825	6	1.558.950
16	51.650	7.658	2	59.310	7.90	468.549
17	24.809	6.532	»	31.341	8.50	266.399
18 à 19	27.214	21.802	»	49.016	11.25	551.430
20	7.241	10.224	44	17.509	14	245.126
Au-dessus de 20	5.056	28.946	26	24.028	23	552.644
	1.028.027	89.536	18.370	1.135.933		5.568.468
En mi-blanc ou blanc.						
Moins de 8 fils.	8.324	7.803	16.344	32.471	2.50	81.178
8	1.389	179	522	2.090	3.25	6.795
9 à 12	7.113	1.227	1.536	9.876	4.25	41.973
12	2.366	1.880	276	4.522	5	22.610
13 à 16	22.142	18.858	10.740	51.745	6.90	357.041
16	3.541	6.142	271	9.954	8.50	84.609
17	3.009	6.789	209	10.007	9.50	95.067
18 à 19	6.940	11.743	1.277	19.960	13.25	264.470
20	4.327	3.388	276	7.991	16	127.856
Au-dessus de 20	4.119	18.444	4.793	27.386	28.50	780.501
	63.305	76.453	36.244	176.002		1.862.098
Toile teinte.						
Divers nᵒˢ.	»	»	11.025	11.025		81.623
TOTAL GÉNÉRAL......				1.322.960		7.512.189

1753	BELGIQUE.	ANGLETERRE.	DIVERS.	TOTAUX.	PRIX.	VALEUR.
En écru. Aux 5 millimètres.						
Moins de 8 fils.	298.009	5.988	21.260	325.257	1.70	552.937
8	190.830	»	1.315	192.145	2.60	499.577
9 à 12	213.852	»	1.656	215.508	2.90	624.973
12	94.050	»	310	94.360	4	377.440
13 à 16	282.722	24.288	2.150	309.160	5.70	1.762.212
16	58.511	11.129	»	69.640	7.40	515.336
17	31.030	14.252	»	45.282	7.90	357.728
18 à 19	33.705	26.549	720	60.974	10.50	610.227
20	9.297	11.391	»	20.688	13.60	281.357
Au-dessus de 20	6.006	17.808	325	24.139	22.50	543.128
	1.218.012	111.405	27.736	1.357.153		6.154.015
En mi-blanc ou blanc.						
Moins de 8 fils.	6.061	1.611	10.958	18.630	2.30	42.849
8	1.686	1.157	1.014	3.857	2.90	11.185
9 à 12	6.021	1.186	1.284	8.491	3.90	33.115
12	8.544	1.404	636	10.584	4.60	48.686
13 à 16	21.413	5.369	7.753	34.535	6.25	215.844
16	7.501	3.210	141	10.852	7.90	85.731
17	5.815	4.335	112	10.262	8.70	89.793
18 à 19	9.453	7.433	1.409	18.295	12.50	268.688
20	4.336	3.249	511	8.096	15.50	125.488
Au-dessus de 20	7.117	11.007	5.265	23.389	28	654.892
	77.947	39.961	29.083	146.991		1.576.271
Toile teinte.						
Divers nᵒˢ.	4.803	464	3.068	8.335		55.488
TOTAL GÉNÉRAL......				1.512.479		7.785.774

1854.	BELGIQUE.	ANGLETERRE.	DIVERS.	TOTAUX.	PRIX.	VALEUR.
				kilog.	au kilog.	
					fr. c.	fr.
En écru. Aux 5 millimètres.						
Moins de 8 fils.	194.954	7.437	20.204	222.295	1.90	422.361
8	110.774	»	8.033	118.807	2.85	338.600
9 à 12	127.941	»	439	128.437	3.20	410.998
12	63.990	»	57	63.147	4	252.588
13 à 16	198.112	1.340	366	199.818	5.50	1.098.999
16	28.252	2.825	»	31.077	7	217.539
17	18.525	»	3.616	22.141	7.50	166.058
18 à 19	22.972	9.427	17	32.416	10	324.160
20	8.441	5.743	»	14.184	13	184.392
Au-dessus de 20	4.629	8.555	20	13.204	21.50	283.886
	777.690	35.027	32.809	845.526		3.699.584
En mi-blanc ou blanc.						
Moins de 8 fils.	4.294	»	10.880	15.174	2.45	37.176
8	1.548	257	292	2.107	3.10	6.532
9 à 12	2.963	337	937	4.287	4.10	17.577
12	4.907	887	107	5.901	4.60	27.145
13 à 16	11.147	4.637	2.355	18.139	6	108.834
16	17.376	3.782	520	21.678	7.40	160.417
17	5.812	3.021	396	9.229	8	73.832
18 à 10	9.979	5.224	1.248	16.451	11.50	189.187
20	6.905	5.154	142	12.201	14.25	173.864
Au-dessus de 20	3.087	49.278	5.353	57.718	26	1.500.668
	68.018	72.637	22.230	162.885		2.295.232
Toile teinte.						
Divers nᵒˢ.	2.231	301	2.202	4.734	»	60.890
TOTAL GÉNÉRAL......				1.013.115		6.055.703
1855						
En écru. Aux 5 millimètres.						
Sans distinction de séries.	773.275	82.687	33.063	889.025	4.12	3.662.783
En mi-blanc ou blanc.						
Sans distinction de séries.	82.357	73.855	17.526	173.738	13.02	2.262.069
Toile teinte.						
Divers nᵒˢ.	11.761	485	900	13.146	9.10	119.628
TOTAL GÉNÉRAL......				1.075.909		6.044.480
1856						
En écru. Aux 5 millimètres.						
Sans distinction de séries.	988.019	94.797	25.920	1.108.736	4.77	5.288.671
En mi-blanc ou blanc.						
Sans distinction de séries.	95.013	53.773	19.779	173.565	13.50	2.343.128
Toile teinte.						
Divers nᵒˢ.	3.151	345	1.194	4.690	2.35	11.022
TOTAL GÉNÉRAL......				1.286.991		7.642.821

4

1857	BELGIQUE.	ANGLETERRE.	DIVERS.	TOTAUX.	PRIX.	VALEUR.
				kilog.	au kilog. fr. c	fr.
En écru. Aux 5 millimètres. — Sans distinction de séries.	893.774	90.508	82.517	1.066.796	5.05	5.387.320
Fn mi-blanc ou blanc. — Sans distinction de séries.	84.724	34.565	17.074	136.360	12.35	1.684.046
Toile teinte. — Divers n°s.	6.495	409	876	7.780	2	15.560
TOTAL GÉNÉRAL......				1.210.936		7.086.926

Les hommes spéciaux trouveront dans ces tableaux ample matière à
des études de détail ; nous nous bornerons, pour notre part, à faire re-
marquer la soudaineté avec laquelle le tarif de 1842 fit sentir son effet :
en 1842, l'Angleterre nous avait encore fourni 1,419,284 kil. de toiles
écrues, tandis que, dès l'année suivante, ce chiffre tombe à 335,518,
pour descendre en 1844 à 229,141, en 1845 à 149,824 kil., et ainsi
de suite jusque dans ces dernières années, où l'importation anglaise des
toiles écrues reste constamment au-dessous de 100,000. Si l'effet du
tarif de 1842 a été moins fort et surtout moins soudain pour les toiles
blanches, dont l'importation, de 469,112 kil. qu'elle avait été en 1842,
descend seulement à 393,383 kil. en 1843, l'effet du tarif finit cependant
par se faire sentir : dans ces dernières années, la moyenne des importations des toiles blanches de l'Angleterre ne dépasse pas les 70,000
kilos.

XIII

Un fait digne de remarque c'est que l'importation belge, favorisée,
comme nous le savons, par le maintien de l'ancien tarif, n'a profité que
d'une façon, pour ainsi dire négative, de cette insigne faveur ; grâce
à la non-application du nouveau tarif, ses expéditions de toiles pour la
France n'ont pas été réduites dans ces proportions énormes que nous
avons eu à constater pour les toiles anglaises, mais elles n'en ont pas
moins subi une réduction forte et continue. Dans les tableaux ci-dessus,
on voit, en effet, que les entrées des toiles écrues belges, qui en 1841
avaient encore été de 2,823,955 kil., descendent en 1842 à 2,361,353,
en 1843 à 2,115,784, pour tomber en 1844 à 1,764,937 kil.; si l'année
suivante ces entrées remontent d'un coup à 2,469,924 kil., cette fortune
n'est que passagère. Sans parler de la perturbation générale que les événements révolutionnaires de 1848 et de 1849 ont apportée dans toutes les
relations commerciales, il ressort de nos tableaux que, même après le
retour d'une situation plus normale, c'est-à-dire après 1850, l'importation des toiles écrues belges ne dépasse pas un total de 1,200,000 kil.;
c'est la moitié à peu près de ce qu'elle avait été dix ans auparavant. Il
paraît qu'en France même on regardait cette importation comme exces-
sivement faible, puisque, au commencement de 1854, le gouvernement
consentait à reviser, dans un sens libéral, le tarif applicable aux importations belges. Ce tarif, qui porte la date du 27 février 1854, établit, de
même que nous l'avons vu ci-dessus pour les fils, des droits qui varient
selon les *quantités* importées, c'est-à-dire que le droit est plus faible pour

les premiers 2 millions de kilos, et s'élève pour les quantités supérieures qui pourraient être importées. Voici les stipulations du tarif de 1854 :

NOMBRE DE FILS SUR 5 MILL.	TOILES ÉCRUES.		TOILES BLANCHES.	
	JUSQU'A 2,000,000 DE K.	AU DELA DE 2 Nˢ	JUSQU'A 2 MILLIONS.	AU DELA DE 2 Mˢ
Au-dessous de 8 fils.	25 fr. 5 c.	60 fr.	51 fr. c.	90 fr.
8 »	30 60	80	61 20	116
9 à 12 »	55 25	126	110 50	191
12 »	63 75	144	127 50	219
13 à 16 »	89 25	201	178 50	306
16 »	127 50	267	255	417
17 »	144 50	287	289	457
18 à 19 »	153	297	306	477
20 »	191 25	342	382 50	567
Au-dessus de 20 »	297 50	467	559	187

Nos tableaux font voir que ces changements n'ont pas été tout à fait infructueux, puisque l'importation belge, qui en 1854 était encore au-dessous de 850,000 kil., toutes les catégories de toiles réunies, atteint en 1856 un total de 1,100,000 kil. et approche encore en 1857 de 1,000,000 de kilos ; s'il y a en 1858-59 une petite rechute, elle s'explique par la situation générale du marché qui a affecté plus ou moins fortement toutes nos relations commerciales. Cependant, malgré les faveurs qui lui ont ainsi été maintenues durant douze ans, c'est-à-dire de 1842 à 1854, et qui ont été augmentées encore par le tarif du 27 février 1854, la toilerie belge, loin de profiter de ce que nous repoussions les toiles anglaises et de les remplacer dans notre consommation, a vu également se réduire ses importations en France et n'a pu reprendre le rang qu'elle avait occupé il y a vingt ans dans notre consommation.

Nous avons dit, en commençant cette esquisse : « La situation en général n'est pas très-favorable à l'industrie linière ; plusieurs circonstances contribuent à restreindre ou du moins à empêcher le développement de la consommation en tissus de lin ou de chanvre. » Ceci pourrait bien entrer pour quelque chose dans l'amoindrissement que nous constatons à l'importation ; plusieurs raisons toutefois nous portent à croire ou nous donnent même la conviction que cet amoindrissement dans la consommation des produits liniers n'en est tout au plus qu'à ses commencements et n'a pas encore pu produire des effets très-sensibles sur les quantités des toiles qui se consomment annuellement chez nous. En d'autres termes, elle peut bien avoir empêché la consommation de tissus de lin et de chanvre de progresser dans les mêmes proportions qu'on constate pour l'ensemble des consommations ; mais nous ne croyons pas qu'elle ait réduit, d'une façon positive, la consommation des toiles au-dessous de ce qu'elle avait été il y a vingt ou trente ans.

En acceptant ce point de départ, les chiffres de notre tableau ne peuvent avoir qu'un sens; ils prouvent que le tarif de 1842 a eu pour effet de protéger très-efficacement notre industrie linière, puisqu'il a éloigné les produits anglais; mais que déjà le tarif belge était, lui aussi, suffisamment protecteur, puisque, malgré ses droits de beaucoup inférieurs à ceux du tarif général, l'importation belge a décru presque constamment et n'a pas pu revenir à son ancien chiffre. D'autre part, l'importance relative des envois que l'Angleterre et la Belgique n'ont pas discontinué à nous faire, prouverait,—s'il en était besoin,—que ces droits, fortement protecteurs, n'ont pas agi d'une façon prohibitive.

Quelle a été l'étendue de ces droits par rapport à la valeur des articles importés? C'est ce qu'on peut poursuivre en détail dans les tableaux ci-après, où ce rapport est établi d'après la valeur moyenne des articles importés durant un espace de temps de dix ans.

TARIF GÉNÉRAL.

TOILE ÉCRUE.	VALEUR par 100 kilos.	DROITS d'entrée.	DÉCIME et timbre.	ENSEMBLE.	0/0 de la valeur.
Moins de 8 fils.	188	60 fr. »	12 fr. 45	72 fr. 45	38 fr. 54
8 »	292	80 »	16 45	96 45	33 01
9 à 12 »	323	123 »	23 65	161 65	46 95
12 »	455	114 »	29 25	173 25	38 08
13 à 16 »	596	201 ·	40 55	241 55	40 53
16 »	803	267 »	53 85	320 85	39 90
17 »	866	287 »	57 85	344 85	39 82
18 à 19 »	1.160	297 »	59 85	356 85	30 77
20 »	1.513	312 »	64 85	406 85	26 88
Au-dessus de 20 »	2.310	467 »	93 85	560 85	24 27
TOILE BLANCHE					
Moins de 8 fils.	218	90 fr. »	18 fr. 45	108 fr. 45	43 fr. 73
8 »	352	116 »	23 60	139 60	39 66
9 à 12 »	435	191 ·	38 65	229 65	52 55
12 »	545	219 »	44 25	263 25	48 30
13 à 16 »	720	306 »	61 65	367 65	51 03
16 »	922	417 »	83 85	500 85	54 35
17 »	1.010	457 »	91 85	548 85	54 34
18 à 19 »	1.427	477 »	95 85	572 85	40 15
20 »	1.820	567 »	113 85	680 85	37 43
Au-dessus de 20 »	2.881	817 »	163 85	980 85	34 04

TARIF BELGE.

TOILE ÉCRUE.	VALEUR PAR 100 KILOS.	DROITS D'ENTRÉE.	DÉCIME ET TIMBRE.	ENSEMBLE.	0/0 DE LA VALEUR.
Moins de 8 fils.	168	25 fr. 50	5 fr. 55	31 fr. 05	16 45
8 »	292	30 60	6 57	37 17	12 75
9 à 12 »	323	55 25	11 49	66 74	20 66
12 »	455	63 75	13 19	76 94	16 90
13 à 16 »	596	89 25	18 29	107 54	18 04
16 »	803	127 50	25 95	153 45	19 12
17 »	866	144 50	29 35	173 85	20 07
18 à 19 »	1160	153 »	31 05	184 05	15 82
20 »	1513	191 25	38 69	299 94	15 15
Au-dessus de 20 »	2310	297 50	59 95	357 45	15 47
TOILE BLANCHE					
Moins de 8 fils.	248	51 fr. »	10 fr. 65	61 fr. 65	24 85
8 »	352	61 20	12 69	74 89	20 99
9 à 12 »	435	110 50	22 55	133 05	30 65
12 »	545	127 50	25 95	153 45	28 16
13 à 16 »	720	178 50	36 15	214 64	29 85
16 »	922	255 »	51 45	306 45	31 06
17 »	1010	289 »	58 25	347 25	34 38
18 à 19 »	1427	366 »	61 65	367 65	25 76
20 »	1820	382 50	76 95	459 45	25 25
Au-dessus de 20 »	2881	595 »	119 45	714 45	24 70

Il ressort de ces tableaux que, pour les toiles écrues de l'Angleterre, le droit varie entre les limites extrêmes de 24 à 47 p. 100; que, pour les toiles blanches, le minimum du droit, minimum qui se rencontre pour les qualités les plus fines, c'est-à-dire les plus chères, ne descend pas au-dessous de 34 p. 100, et s'élève au maximum, qui tombe sur les toiles de finesse moyenne, au delà de 54 p. 100. Pour les toiles belges, les droits varient, quant aux écrues, entre le minimum de 12.75 p. 100 et le maximum de 20.66; quant aux toiles blanches, entre le minimum de 21 p. 100 et le maximum qui dépasse quelque peu les 34 p. 100.

On pourrait bien, nous ne l'ignorons pas, discuter longuement sur les différences plus ou moins grandes que présentent les prix de revient dans les différentes contrées, notamment en France d'une part, en Irlande et dans les Flandres d'autre part; l'opinion prédominante est que le prix de revient est moins élevé chez nos voisins d'outre-Manche et d'outre-Quiévrain; ceci pourrait toutefois n'être qu'une appréciation quelque peu surannée, et qui ne serait plus tout à fait conforme à la situation du moment. Il y a quinze ans, lorsque la moitié de l'Irlande se mourait presque de faim, les exigences des travailleurs devaient naturellement être des plus modestes, et, par conséquent, la fabrication, notamment des tissus de lin et de chanvre, qui se confectionnent tout entiers dans les campagnes, devait revenir en Irlande moins cher qu'en aucun autre pays : à l'exception peut-être des Flandres, dont la situation se rapprochait alors beaucoup de celle des Irlandais. Tout cela a radicalement changé depuis une dizaine d'années. L'Irlande a perdu un bon quart de sa population, partie par la famine de 1846 et de 1847 ou par le choléra de 1848 et 1849, partie par l'émigration pour la Californie et l'Australie. La population, en se raréfiant ainsi, a vu sa situation s'améliorer d'une façon prompte et manifeste ; ce n'est plus le travail, c'est plutôt le travailleur qui fait aujourd'hui défaut en Irlande. La même transformation remarquable a été obtenue dans les Flandres par des moyens beaucoup moins douloureux : presque uniquement par la sollicitude vigilante et active du ministère Rogier, qui arrachait les populations flamandes à la routine où elles s'étaient enfoncées, qui, en leur apportant de nouveaux métiers et des industries nouvelles, ramenait l'activité, le gain, le bien-être, là où la misère avait déjà commencé à régner presque en maîtresse unique et absolue.

En face de cet état de choses, nous ne croyons pas que la différence peut encore être aujourd'hui très-grande en faveur de la production flamande ou irlandaise, quoique leur ancienne supériorité dans la fabrication des toiles en fera toujours des concurrents très-sérieux pour nous aussi bien que pour tout autre pays continental qui voudra maintenir ou acclimater chez lui l'industrie linière. En tenant compte de toutes ces circonstances, il nous semble que la généralisation du tarif belge de 1854, pour toutes les provenances indistinctement, serait ce qu'il y a de mieux à faire par rapport à l'industrie linière, en accomplissement du nouveau programme économique que l'Empereur a daigné octroyer à la France dans sa lettre du 5 janvier dernier. Cette généralisation du tarif belge n'aurait pas la moindre tendance prohibitionniste, puisque même le tarif beaucoup plus rigoureux de 1842, que le tarif belge viendrait remplacer, n'a pas agi d'une manière prohibitive, ainsi que nous l'avons constaté ci-dessus ; d'autre part, cette application générale du tarif belge, qui ne léserait aucun principe juste, ne blesserait aucun intérêt légitime, suffirait amplement, croyons-nous, à rassurer la production indigène, à lui garantir la continuation de ce développement lent et paisible dont elle jouit aujourd'hui.

Nous espérons d'autant plus que cette réclamation des plus modestes sera exaucée, qu'à côté de la question industrielle il y a en jeu un intérêt d'un ordre supérieur. Personne, en effet, n'ignore que, nonobstant les progrès — assez lents à la vérité — de la filature mécanique, la fabrication des toiles est toujours et restera longtemps encore une industrie campagnarde ; c'est elle qui occupe le paysan et sa famille pendant les longs mois d'hiver où les travaux agricoles chôment forcément ; c'est elle encore qui fournit au petit cultivateur le supplément de ressources dont il a besoin pour acheter certains articles qu'il ne peut pas absolument produire lui-même, pour payer ses impôts et couvrir d'autres dépenses qui exigent de l'argent comptant. Or, enlever ou affaiblir du moins cette ressource du petit cultivateur, ce serait, en beaucoup d'occurrences, le ruiner ; ce serait, en tous cas, renforcer encore le courant qui, aujourd'hui déjà, pousse les populations rurales à quitter les champs et à s'agglomérer dans les villes. Ce dépeuplement des campagnes a été trop vivement regretté dans ces derniers temps, par tous les organes de l'autorité, pour que nous puissions supposer un instant que le gouvernement veuille contribuer d'une façon quelconque à le hâter encore.

FIN.

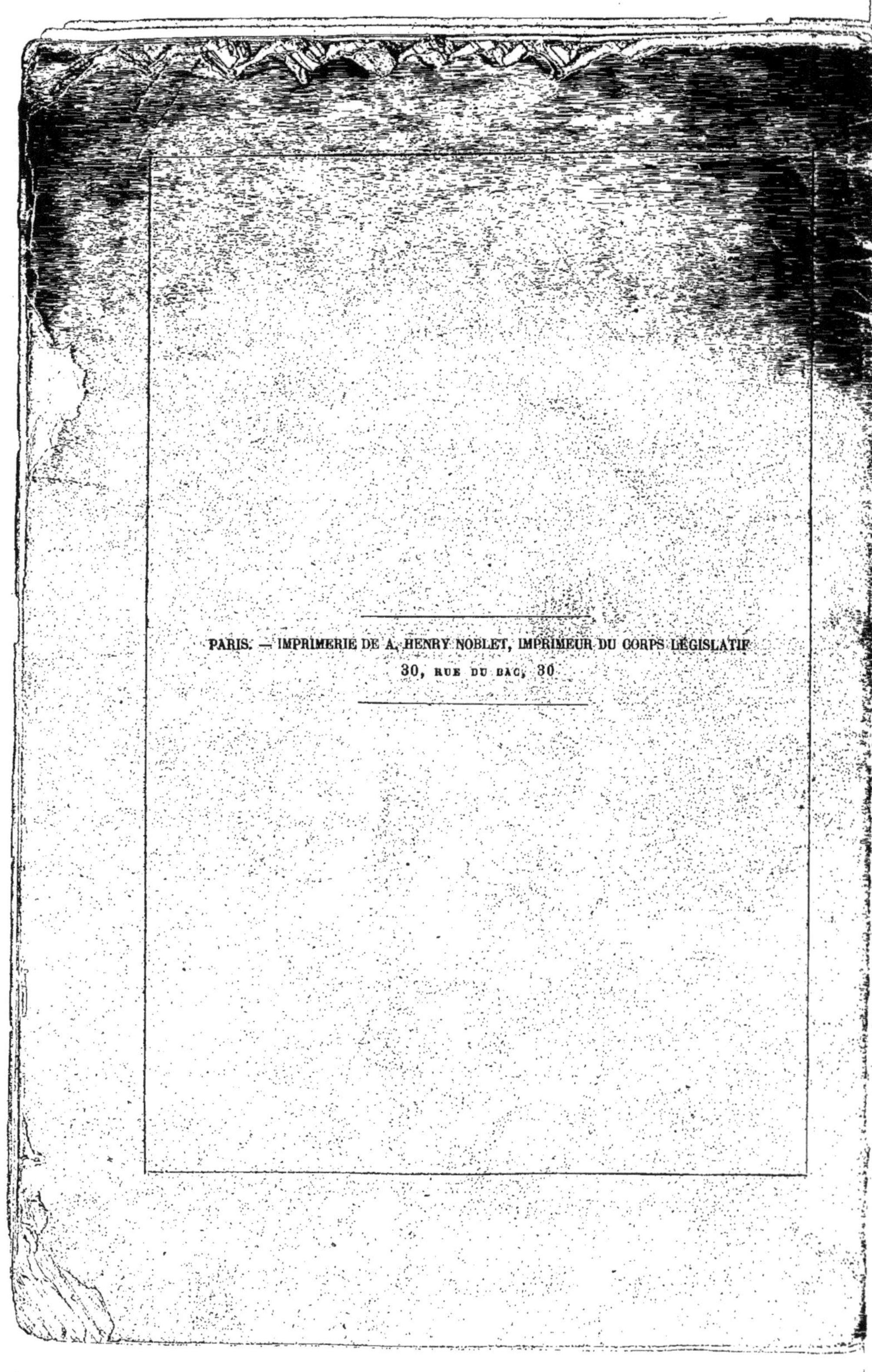
PARIS. — IMPRIMERIE DE A. HENRY NOBLET, IMPRIMEUR DU CORPS LÉGISLATIF

30, RUE DU BAC, 30